楊
大歪愛書
EXLIBRIS

故事
如數家珍

說學逗唱

認識二十四節氣

虎大歪說民俗趣事
狗小圓吃時節當令

王家珍◆著
洪福田◆繪

推薦序——該和孩子一起閱讀的《說學逗唱，認識二十四節氣》

劉還月 救荒本草堂園丁．作家

在臺灣，「二十四節氣」一直很奇妙的「存在」或「消失」著。說它「存在」，因它總在討論「傳統」時被提及，角色卻常被定位在文化或是在地方風俗上，也因此，隨著時代的變遷，不再受到現代人的重視，為了加強「推廣」，為了便於記憶，更推出了讓孩子們隨口就能背誦的〈二十四節氣歌〉：「春雨驚春清穀天，夏滿芒夏暑相連，秋處露秋寒霜降，冬雪雪冬小大寒。」

許多人都以朗朗上口〈二十四節氣歌〉為傲，似乎只要會背了這四句便了解了「二十四節氣」，至於「節」和「氣」的差別，以及各節氣所代表的氣候特徵以及環境的意義，反而少有人在乎。

它的「消失」，則來自政治的意識形態與誤解，我們總是會以

「它來自中國，和臺灣無關」，做為排除或是抵制「二十四節氣」的藉口，更有人認為它是農業時代的事，根本就不符合工商社會的需求，因此不需要認識這些「過時的風俗」。

會出現上述種種分歧的看法，根本就因為大多數的現代人，看到的只是依附在節氣中的活動或祭祀，便指鹿為馬說成「二十四節氣」；這些表象當然不能彰顯「二十四節氣」真正的內涵，它真正的骨幹是漢人社會最早制定以太陽為本的曆法，提供給慣於以月亮的圓缺過日子的人們，了解季節變化、四季衍替、作物生滅……等自然現象的參考。

從生活的角度來看「二十四節氣」，它告訴人們在每一個不同的「節」和「氣」，大自然的變化以及春耕夏耘的次序，更給了人們取得生活上的憑依；同時，它更是科學的，每一個依太陽變化而記錄下來的「節」和「氣」，顯示出的是漢人陰、陽曆並用的智慧，是我們最該認知的科普知識，更是孩子們認識自然科學首要的一課。

來自澎湖馬公，長期致力於兒童文學與孩童教育推廣的作家王家珍，面對這個生活與科學的議題，竟然以神奇的「說學逗唱」來解讀「二十四節氣」，看似簡單的「說學逗唱」，作者不只表達出每一個節氣的趣味之美，更利用不同的「節」和「氣」，把漢人古老的智慧，加上許多的臺灣元素，適度的摻夾其中，讓大小讀者在享受閱讀之時，有機會更深一層認識「二十四節氣」的內涵。

文字作者的輕鬆、巧妙手法，加上版畫藝術家洪福田的生動筆法，共同完成的這本《說學逗唱，認識二十四節氣》，可說是市面所見關於「二十四節氣」類型的圖書中，和我們生活的土地最親近、最容易閱讀且充滿趣味的親子書，建議買回這本書的父母們，不該只是丟給孩子們自己閱讀，而是親子以最輕鬆、愉悅的方式，一同來吸收傳承千年的生活智慧。

推薦序——輕鬆讀，感受節氣文化的內涵

謝鴻文　兒童文學作家

《說學逗唱，認識二十四節氣》的初稿在《國語日報》刊登時，就讓我讀了愛不釋手，更將其中的幾篇拿來當作我任教的實驗教育學校國語課教材，例如用「秋分」這個節氣，延伸探討古代中國和現代臺灣的中秋節習俗與故事，進一步以韓國李億培的繪本《小莉的中秋節》，比較亞洲其他國家的中秋節習俗異同。然後讀了宋代楊萬里的《詠桂》：「不是人間種，疑從月裡來；廣寒香一點，吹得滿山開。」薰染了詩詞的浪漫之後，擺了一席桂花茶宴，帶孩子品飲桂花茶、吃桂花糕，讓身體感官浸潤在秋意的美感中。

我一直認為教育必須讓下一代擁有文化底蘊，以此作為養分，進而學習多元文化。《說學逗唱，認識二十四節氣》這本書的出版，就這個意義上顯得必要且可貴！因為我們逐漸淡忘二十四節氣，失

去的不只是不熟悉節氣的常識而已，更是不懂順應自然運生之道——那才是節氣文化裡蘊含的大智慧。例如：「立冬蘿蔔賽人參。」簡單一句俗諺，傳遞了古人愛吃蘿蔔補冬養生，這樣依著時節序令，時時呵護關照身心，常保安泰豐足，現在看來仍舊是好的觀念，怎能捨棄呢？

家珍的知名作品有《生肖十二新童話》、《成語運動物之生肖成語來報到》等書，是從中國文化中的生肖典故、成語取材；《虎姑婆》則是臺灣流傳久遠的民間故事改寫，從這些作品，不難看出她心中厚植傳統文化的根，開枝散葉成為創作的美麗姿態。這本書想必也是她靠著大量閱讀，在心裡厚積儲養，因緣俱足後等到花開的必然成果。

寫給孩子閱讀的節氣故事，雖然已有先例，可是家珍別出心裁，內容的厚度、廣度，較之前人更有超越。加上家珍擅長童話，她創造兩位擬人化的動物主角：虎大歪和狗小圓，言行舉止具備了童話角色常見的俏皮誇張，超現實妙想連篇，語言穿梭古今，跳脫知識讀物慣用的寫實風格，妙趣橫生。

透過這本書，我們可以認識古人流傳下來的鞭春牛、咬春壓驚、拉保保、祭白虎……諸多讓人眼花撩亂的習俗，思考這些習俗背後的行為內涵，非常有趣又有意義，也印證了古人不凡的想像力呢！家珍確實下了功夫考證諸多俗諺、詩詞、典故，藉由虎大歪和狗小圓兩人時而正經侃侃而談，時而你來我往鬥嘴，把二十四節氣與生活的緊密關係講述得活潑生動。透過虎大歪和狗小圓的表現，讀者不知不覺也學到了「說學逗唱」的基本功夫。

讀完書，別忘了鼓起勇氣，上臺一鞠躬，來說一場相聲，或演一場短劇吧！

作者序——把一個問題寫成一本書

王家珍

二〇一七年十二月初，我到臺南四所小學說故事給孩子聽，分享創作童話歷程。

在安定區南興國小，孩子舉手提問：「請問您未來一年的寫作計畫是什麼？」

望著臺下一雙雙崇拜的眼神，實在說不出「因為計畫趕不上變化，我從來不做計畫，也沒有寫作計畫」這樣的老實話。

我挑了一下眉毛，想到縈繞心頭許久的「節氣」主題，順口吹牛說：「未來一年，我計畫寫二十四節氣。明年，你們就可以在《國語日報》上看到我寫的節氣故事囉！」

小朋友滿意的點點頭，我卻感覺千斤重擔壓上心頭。

幾年前就想寫「節氣童話」，可是任憑我想破頭，也沒辦法把知識性強的節氣，和講究趣味性的童話湊在一起，寫作的念頭也因此延宕下來。沒想到小學生的一個問題，又讓節氣寫作的念頭浮上檯面。

對孩子吹牛說兩個月後就要在報紙上刊登？主編會同意嗎？時間上來得及嗎？我這牛皮吹得可大了！把吹牛皮的大話變成真話，稱為實現夢想；連試都不試，讓說出口的大話變成空談，便是說謊。

我決定捨棄童話形式，改用說學逗唱的對話方式，接著列出大綱，跟主編徵詢刊登意願，確認每一篇的形式與字數，歸納整理這兩年查閱的資料，最後，也是最重要的，開始寫作。

寫完第一篇節氣總論時，我跟幾位飽學之士聊天，他們都以為節氣是參照農曆，當我說明節氣是根據地球繞太陽運行公轉軌道上所處的位置（黃經度）來劃分，節氣的國曆日期幾乎是固定的，相差不過一兩天，大家一陣驚呼：「長知識了！」

他們的反應給我很大的動力，不時砥礪自己：一定要用淺白的方式，把節氣「說清楚、講明白」。

十二月底，我從網路上學會大耳朵狗指偶，接著自創老虎指偶，套上指偶自導自演虎大歪和狗小圓說學逗唱短劇，順利寫出〈虎大歪、狗小圓講二十四節氣〉系列第一篇，有這一篇當領頭羊，〈立春〉也順利完成。

一向懶散的我，竭力壓榨自己，擠出所有時間與潛能，從〈雨水〉到〈大寒〉，每兩週寫一篇，都能準時完稿。

前後參考了數十本節氣相關書籍，再加上網路搜尋的資料，我邊寫作、邊看資料、邊親身印證，對於「立春」天氣依舊嚴寒、「立冬」時卻高溫三十度，有了深刻的體會：無論季節變化、寒暑交替，只要能享受當下，品嘗當季美食，日日都是好日。

查閱春分資料時，意外得知在某些國家，春分是國定假日，也終於弄懂復活節與春分和滿月的密切關聯。

寫作當年（二〇一八）遇到「空梅」現象，既憂心民生用水缺乏，也擔心農作物缺水灌溉，導致農民生計困難。冬至時，第一波寒流照著我寫的稿子，準時來報到，讓我開心的跳了起來。「九九消寒圖」就擺在桌上，一天畫一瓣梅花，畫完八十一天就寒盡春來、春暖花開。

花費一整年時間，寫完節氣故事，有驚無險的完成對小朋友的承諾，沒有變成吹破牛皮的青蛙，真是萬分感謝。

感謝南興國小學生的提問，激發我的潛力；感謝《國語日報》和故事版主編素真成全；感謝虎大歪和狗小圓擔綱演出；感謝福田精美優質的圖畫；感謝字畝文化馮總編厚愛，節氣連載到炎炎夏日時，就決定出版這本書；感謝黃啟方老師、張水金老師提供重要的專業意見。最後，感謝大家支持。努力實現夢想的感覺真好。

繪者序——拿到文稿時，嘴角就失守了

洪福田

停下手邊雕刻刀，拍拍身上的木屑，倒杯水走到電腦桌前休息一下，打開了電子信箱。耶……字畝文化來信，是王家珍老師新作，說是與節氣民俗有關，馬上答應。

屁股還沒坐燒，便蹬起來，把書架上相關書籍通通拿下來翻閱一番，戰鬥力可十足的呢，因為是我喜歡的題材嘛，平時多閱讀總算派上用場。

拿到文稿，看著虎大歪與狗小圓的「答喙鼓」，一搭一唱，一虧一損，一來一往，好不歡樂，逗著我邊畫邊笑，腦海充滿畫面，內心有了許多小情境，就看如何構圖。

編輯說題材雖傳統，但希望活潑生動；作者說畫風雖版畫，但希望色彩豐富。
咻咻咻，草圖呈上，總編、編輯、作者滿意，繪者不滿意，再修。
唰唰唰，彩圖呈上，總編、編輯、作者滿意，繪者不滿意，再修。
最後還是在截稿日前，大大滿足的交稿！

出版者的話——為什麼孩子需要認識傳統節氣

節氣教我們的事：與自然同律動，過好每一天

馮季眉　字畝文化社長

「二十四節氣」是我們祖先通過觀察太陽周年視運動，認知一年中時令、氣候、物候的變化規律，形成的知識體系和社會實踐，在二〇一六年由聯合國教科文組織審核通過，成為「人類非物質文化遺產」。

「節氣」雖是祖先留給我們的文化遺產，但絕不是文化化石，至今我們日常生活中仍處處可見節氣的影響。不過，即使清明節放假、冬至吃湯圓……人們對節氣的感受普遍不深。同屬漢字文化圈的日本，透過國定假日傳達的文化與教育意涵，就深刻許多。日本全年的國定假日中，春分日、秋分日是兩大節氣；綠之日、海之

日、山之日這三個假日，讓國民禮敬並親近自然；勤勞感謝日，表徵米食民族對五穀豐收的重視與感謝；這些國定假日，讓國民從小對節氣文化有感、對大自然有禮敬之心。相形之下，該如何讓我們的孩子也能通過生活，領受「二十四節氣」這份祖先留下的文化遺產，感知自然的奧妙、體會祖先的智慧，進而順應自然，經營美好生活呢？家珍想出一個巧妙的方式，設計了兩個可愛的角色——虎大歪、狗小圓，讓他倆一搭一唱，輕鬆逗趣的把節氣的知識與文化一一說明白。

市面上談節氣的書很多，其中不乏寫給兒童的，但多以一般敘事方式傳遞相關知識訊息，或許內容詳實，卻不容易「有趣」。能以有趣易懂的方式傳遞知識性內容，才是知識性童書的理想境界。這次，家珍採用「動物二人組」說學逗唱的書寫方式，對口說故事的同時也傳遞知識，讓兒童讀者輕鬆閱讀、不知不覺就讀進知識，了解「節氣」是怎麼一回事，也能知道氣候、物產、飲食、習俗之間的關聯，是非常有創意而且成功的作品，再次展現她在童書創作領域的不凡功力。

一旦對節氣有了認識，我們很容易發現生活裡處處有節氣。文學裡有節氣，例如擁有許多鐵粉讀者的兒童文學經典《柳林中的風聲》，一開頭寫鼴鼠大清早做春季大掃除，忙得不可開交，就在這時候，春悄悄的來了，鑽進他深而黑暗的地洞小屋，包圍了他。這一件奇妙的小事情，使鼴鼠把刷子往地上一扔，刨開地道，見到久違的和煦陽光，快樂的在溫暖的草地上打滾……這個廣受全世界大小讀者喜愛的故事就此展開，打動千萬讀者的心靈。作者只說「春悄悄來了」，但我們認識二十四節氣之後就可推估，那是立春（春季開始）到驚蟄（冬眠的動物醒了）之間的事。諸葛亮有本事「借東風」，是因為他熟諳節氣，算準氣候，才能「借」來東風，火燒曹營連環船。《紅樓夢》裡賈府各種聚會活動都與傳統時令密不可分，例如第二十七回寫芒種這一天，女孩們個個打扮得漂漂亮亮，到大觀園裡舉行送花神活動，園裡每一株樹、每一枝花上都繫上繡帶，花枝招展；我們彷彿可以看到滿園繽紛，聽到笑語盈盈。藝術裡也有節氣，例如米勒（法國畫家）的名畫《拾穗》，三位農婦在金色秋陽下，曲背彎腰撿拾收割後散落田間的麥穗，時序約莫是秋分前後吧。我們每天的餐桌上也有節氣，當令的蔬果，就是節氣的產物……

這些例子說明生活裡處處有節氣，而且節氣是有顏色、有聲音、有味道的；節氣並不因我們從農業社會進入工商社會而變得無用，我們每一天的生活，都與自然同律動。出版這本書，就是希望幫助小讀者更理解大自然的律動法則，將相關的常識與知識應用於生活中，過好每一天。

目錄

春

夏

秋

冬

前言——二十四節氣吃什麼？

虎大歪、狗小圓，

虎旺二人組，說學逗唱，開心出場

虎大歪：大家好，我是虎大歪。生肖屬虎，見多識廣膽子大，什麼都說，就是不說我的年紀和歪理；什麼都懂，就是不懂笨蛋在想什麼。奇怪了，大家怎麼會把我和狗小圓你湊成一對呢？

狗小圓：大家好，我是狗小圓。生肖屬狗，心直口快年紀小，什麼都吃，就是不吃虧和不吃苦；什麼都會，就是不會裝懂。處事圓融好相處，剛好和怪怪的虎大歪你互補。別囉嗦，

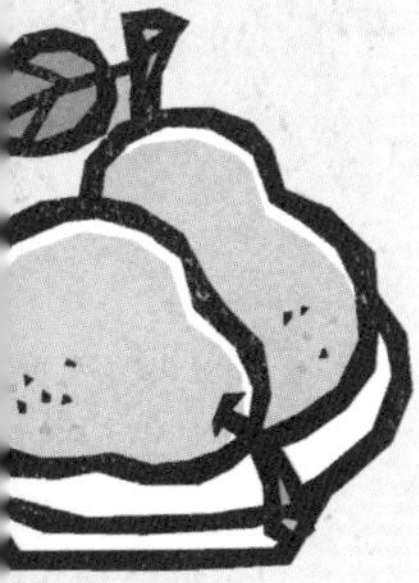

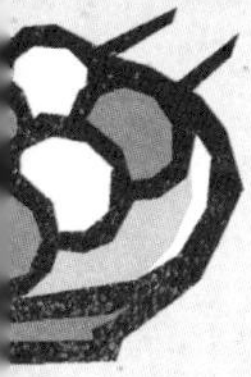

咱倆今天給大家講些什麼好聽的呢？

虎大歪：我倆要給大家說二十四節氣、學古人智慧、逗大家開心、唱歌跳舞引人注目。

狗小圓：二十四節氣？一個月有兩個節氣，一年有二十四個節氣，月曆上都有印，有啥好講的？

虎大歪：二十四節氣好用又準確，歷經千百年都不過時，是農夫、漁民耕種捕撈的好幫手。你知道嗎？地球繞太陽一圈的時間叫做一年，太陽光直射赤道的那兩天，叫做春分和秋分；太陽光直射北回歸線和南回歸線的那兩天，叫做夏至和冬至。

狗小圓：春分、夏至、秋分和冬至，這是二十四節氣中我們最熟悉的四大節氣。我們不是要講些好聽的？怎麼給大家上起自

然課呢？

虎大歪：不是自然課，是繞口令，春分之前是立春，夏至之前是立夏，秋分之前是立秋，冬至之前是立冬，這是二十四節氣中的八大節氣。

狗小圓：繞口令？立春春分、立夏夏至、立秋秋分、立冬冬至，嘿，我怎麼沒想過可以這樣念啊？念著念著，就背好八個節氣了。不過，這有點無聊，連我都不想念！

虎大歪：無聊？你倒是說說怎麼樣才不無聊？如何引人注目感興趣？

狗小圓：聽好啦！春菜蘿蔔春天好、鴨蛋涼麵夏天妙、紅豆柚子秋天俏、餃子湯圓冬天到。

虎大歪：這是什麼怪口訣呀？

狗小圓：這是你念的那八個節氣該吃的東西呀！立春吃春菜、春分吃蘿蔔、立夏吃鴨蛋、夏至吃涼麵、立秋吃紅豆、秋分吃月餅、立冬吃餃子、冬至吃湯圓。什麼節氣有啥好吃的，問我就對了。

虎大歪：哪個節氣該吃哪種食物，每個地方習俗不同，有啥吃啥，不論吃啥都開心，把節氣和美食湊在一起，大家都喜歡！

狗小圓：是啊，說到吃的，我精神都來了。

虎大歪：二十四節氣從立春開始，立春就是春天來了，天要下雨、農夫要播種，天要下雨當然得打個雷呀什麼的，驚醒地底的動物。立春和春分中間的節氣就是雨水和驚蟄，雨水吃薺菜，驚蟄要吃梨。還記得去年驚蟄，你被近在咫尺的雷聲，嚇得摔倒那件事嗎？

狗小圓：去年驚蟄，你不也被雷聲嚇得碗筷掉地上？農夫在驚蟄吃梨，才能跟田裡的害蟲分離，我倆去年肯定忘了吃梨，所以沒跟倒楣蟲分離，被雷聲嚇得出糗。

虎大歪：是嗎？我寫下來，今年驚蟄一定要記得吃梨。春分過去就是清明和穀雨，清明吃美味春捲、

穀雨喝薏仁湯，節氣就進入立夏，炎熱的夏天來了。

狗小圓：立夏以來梅雨不斷，農田的溝渠積滿了水；春天播種的稻穀結穗了，露出禾芒，準備收割，這兩個節氣叫做小滿和芒種。

虎大歪：夏天天氣熱，食慾不振，小滿吃苦菜，芒種吃梅子，可以開胃。接著就是夏至，夏至要吃涼麵，冰冰涼涼好消暑。

狗小圓：夏至之後緊接著是小暑和大暑，天氣一天比一天熱，小暑吃西瓜、大暑喝仙草，暑氣全消。大暑過後就是立秋，立秋吃過紅豆桂圓湯，秋天就來了，涼啊涼啊涼，涼啊涼……

虎大歪：你想得美，立秋之後是處暑，天氣還是很熱，聽說有隻小狗，在處暑的時候，被炙熱的陽光晒成小狗乾。

狗小圓：你別想矇我，「處暑處暑，曝死老鼠」這句諺語我熟得很，再不然改成「處暑處暑，曝死老虎」也很有畫面，被處暑的太陽晒死的是老虎和老鼠，我們小狗狗很聰明，哪邊涼

快……

虎大歪：哪邊涼快你就哪邊去，說的太好了，呵呵呵！俗話說，「處暑送鴨，無病各家」，老祖先讓我們在處暑吃鴨，迎接即將來臨的白露。

狗小圓：白露時，天氣轉涼，吃酒釀煮雞蛋最好。

虎大歪：秋分吃過柚子和月餅，寒露和霜降就來到。寒露吃些核桃，霜降吃吃柿子，就準備迎接立冬，時間過得真快，一年已經過去四分之三。

狗小圓：考考你，立冬要補冬，補冬吃什麼好呢？

虎大歪：燒酒雞、人蔘雞、麻油雞、牛肉湯，熱熱喝、快快暖。立冬之後是小雪和大雪，天氣冷颼颼，吃火鍋、喝養生粥最好，接著冬至就來敲門啦！

狗小圓：冬至吃餃子、餛飩和湯圓，用糯米糰做雞母狗，好玩又好吃。

虎大歪：用糯米糰做幾隻狗小圓，一口吃掉一個，真可愛。

狗小圓：不對不對，搓幾隻虎大歪，一口吃掉一隻老虎，夠氣派。
虎大歪：想吃老虎湯圓？小心噎到！
狗小圓：想吃小狗湯圓，你想得美！
虎大歪：冬至過後，蒙古西伯利亞冷高壓增強，各地溫度下降，叫做小寒，要吃臘八粥。
狗小圓：接下來就是大寒，北方的冷氣團揮軍南下，溫度直直降，凍得手腳發冷的天氣，吃羊肉爐最棒。
虎大歪：用食物來講二十四節氣眞是太有意思了，說著說著，肚子餓了，要不要去吃些什麼？
狗小圓：好啊！在二十四節氣的大寒期間，先來一鍋羊肉爐，再來一客冰淇淋，爽口不膩。
虎大歪：才吃過羊肉爐就吃冰淇淋，你不怕體內「大寒」哪！少在這兒宣傳不良習慣啦！

春天

立春 | 一年之計在於春

雨水 | 春雨貴如油

驚蟄 | 大地春雷氣象新

春分 | 春分春分、日夜對分

清明 | 天清氣明好踏青

穀雨 | 穀雨品茶賞牡丹

一 立春

國曆二月三日至五日

一年之計在於春。

虎大歪：立春是二十四節氣的第一個節氣，代表春天從此開始。一年之計在於春，古時候這可是天大的事，立春前夕，皇帝要率領大臣出城迎接春神。

狗小圓：「春神來了怎知道？梅花黃鶯報到，梅花開頭先含笑，黃鶯接著唱新調，歡迎春神試身手，來把世界改造。」這首兒歌唱的就是立春嗎？

虎大歪：唱得好、說得妙，立春到，我們就要開始工作了。

狗小圓：不可能，天氣這麼冷，寒流一波接一波，怎麼可能在天寒地凍的時候立春呢？

虎大歪：每年二月初立春，從漢代開始，就把立春這一天定爲春節，表示春天從此開始。美國報春的土撥鼠日在二月二日，和立春很接近。一九一四年，袁世凱才把農曆正月初一改定爲春節。不過二十四節氣跟農曆沒關係。

狗小圓：什麼？二十四節氣跟農曆沒關係？

虎大歪：沒錯，二十四節氣跟農夫種田有關、農夫種田跟太陽有關，所以，二十四節氣跟地球繞著太陽轉的那個大圓圈有關。

狗小圓：那個大圓圈叫什麼來著？黃蛋面？

虎大歪：你肚子餓了想吃蛋黃麵嗎？是黃道面，二十四節氣把圓圓的黃道面二十四等分，三百六十五除以二十四，每個節氣大約十五天。

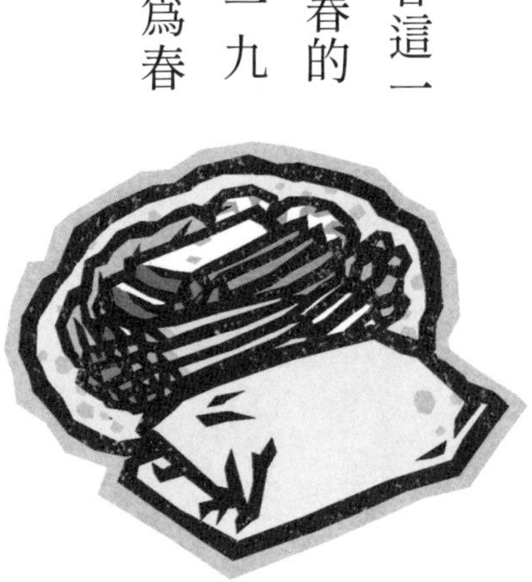

狗小圓：一年最後一個節氣是大寒，天寒地凍、冷得我頭皮發麻，才經過短短十五天，馬上就立春，大寒和立春接得太近，叫我難以接受，只想躲被窩裡取暖。

虎大歪：農夫在立春就要開始耕種，這時候大約是農曆春節左右，天氣還很冷，你嫌天氣冷，牛也是；你懶惰、牛也是，你們眞的是「牛黃狗寶」一家親哪！

狗小圓：對，我和牛都懶惰，就你最勤勞，立春就讓你來耕田吧！

虎大歪：牛怕冷，不想耕田，人們就做隻土牛，用彩色的絲杖來鞭打土牛，叫做鞭春牛，是立春熱鬧的重頭戲。

狗小圓：鞭打土牛，讓想偷懶的牛嚇到吃手手，快去耕田，這可不是殺雞儆猴，這是鞭打土牛嚇眞牛！人類好壞！

虎大歪：立春有句俗話，「立春天氣晴，百物好收成」，爲了收成好，大家有飯吃，鞭打土牛恐嚇眞牛，也是不得已。不過，現在已經很少請牛來幫忙耕田，鞭春牛已經成爲民俗儀式了。

狗小圓：我學過一句立春俗話，「立春落雨透淸明」，立春當天如

果下雨，直到清明之前都會多雨，一整年歉收。立春最好天氣晴朗，不要打雷下雨。

虎大歪：沒錯，俗話還說，「立春打雷，十處豬欄九處空。」

狗小圓：立春的時候，天氣冷得讓人皮皮剉，如果再打雷下雨，六畜肯定不安，嚇呆了！人怕打雷，豬也怕打雷。

虎大歪：別怕，吃些東西「咬春」壓驚。立春時候要多吃蔬菜，春捲包了很多蔬菜，是最適合立春的食物，立春吃春捲，日子安穩好悠閒。

狗小圓：立春時節大歪要生吃蘿蔔，卡滋卡滋。

虎大歪：立春前後，味道有些辛辣的蘿蔔剛好盛產，生吃蘿蔔，滋味不錯；咬咬蘿蔔，身體好過。

狗小圓：大歪吃蘿蔔，大歪咬蘿蔔，嘿唷嘿唷拔蘿蔔！

虎大歪：嘿唷嘿唷拔不動，狗小圓，快快來，快來幫我們拔蘿蔔。

狗小圓：天寒地凍的，誰跟你拔蘿蔔呀！你跟春牛一起拔蘿蔔去，我去吃春捲、喝香菇排骨蘿蔔湯啦！

虎大歪說民俗趣事

立春大約是農曆春節左右，天氣還很冷。牛怕冷，不想耕田，人們就做隻土牛，用彩色的絲杖來鞭打土牛。

二 雨水

國曆二月十八日至二十日

春雨貴如油。

（狗小圓不小心踩到一灘水，碰的一聲滑一跤，趕快爬起來，拍拍衣服。）

虎大歪：走路小心，可別跌個「狗」吃屎，啊哈哈哈！

狗小圓：你不扶我還笑我！哪天你「虎落平陽被犬欺」的時候，別怪我袖手旁觀。話說明朝有個小孩叫做解縉，有一天，天雨路滑，他滑倒在地，旁人哄堂大笑。解縉爬起來說：「春雨貴如油，下得滿街流，滑倒解學士，笑壞一群牛。」學識跟解縉一樣淵博的我滑倒，你笑我，你就是大笨牛。

虎大歪：好意提醒你小心，竟然罵我大笨牛？真是指桑罵槐，刁鑽古怪的狗小圓。

狗小圓：春寒料峭，天氣冷颼颼，我耍耍寶，炒熱氣氛，大歪你別氣惱。解縉說的「春雨貴如油」就是雨水這個節氣。農夫要種田，這時候的雨水，和油一樣珍貴。

虎大歪：立春那時候，春天雖然來了，卻還是天寒地凍，到了雨水這個節氣，天降甘霖，大地滋潤，春回大地。俗話說，「雨水連綿是豐年，農夫不用力耕田」，還有「雨水有雨莊稼好，大春小春一片寶」，在在說明春雨珍貴無比。

狗小圓：有句俗話，「雨打元宵燈，日曝清明前」是什麼意思呀？

虎大歪：意思是元宵節通常會落在雨水節氣裡，如果元宵節當天下雨，直到清明之前都會少雨。

狗小圓：元宵節我要提燈籠逛街，可不能下雨。還有一句「春天後母面」，春天跟白雪公主的後

母，那個邪惡王后的臉孔，有什麼關係呢？

虎大歪：雨水這個節氣常常會下雨、天氣陰晴不定，就像傳說中後母的臉色，變化莫測，不過這個說法已經落伍啦！這時候溼氣很重，要注意保暖，吃些蜂蜜、紅棗、山藥、銀耳，補補身體。

狗小圓：待會我要跟媽媽回外公家，我外婆做的銀耳紅棗湯特別好喝，我一次可以喝三碗。

虎大歪：有好喝銀耳紅棗湯都不邀我，我一次可以喝五碗，鍋底朝天你外婆就開心。在雨水這天，出嫁的女兒要帶禮物回家探望父母，你慢走，別在路上跟人家流行什麼「拉保保」。

狗小圓：什麼是「拉保保」？我還拉保險呢！

虎大歪：「保保」就是乾爹的意思，以前的人，在雨水這天，都會上街拉人，當小孩的乾爹。

狗小圓：小孩認乾爹、乾媽是很慎重的人生大事，怎麼能隨便拉、隨便喊呢？

虎大歪：拉保保當然不能胡亂拉人，孩子瘦弱，就拉個強壯的人當乾爹；孩子矮小，就拉個身材高大的人當乾爹。你爸媽就該拉個下盤穩的人當你乾爹，免得你常滑倒。

狗小圓：嘿，我倆講了老半天，你還在明朝解縉那裡當大笨牛啊？

虎大歪：你可別狗眼看人低，我不是大笨牛，杜甫那首跟雨水有關的〈春夜喜雨〉，聰明的我倒背如流。聽好了，「好雨知時節，當春乃發生。隨風潛入夜，潤物細無聲。」

狗小圓：這首詩我也背得滾瓜爛熟，「野徑雲俱黑，江船火獨明。曉看紅溼處，花重錦官城。」

虎大歪：哎呀！這首詩你怎麼這麼熟？偷看小抄嗎？

狗小圓：我跟解縉一樣，聰明遠勝你這個大笨牛呀！

虎大歪：你就會吹牛！我看你是狗嘴裡吐不出象牙！

三 驚蟄

大地春雷氣象新。

國曆三月五日至七日

虎大歪：時光飛逝，歲月如梭，立春和雨水兩個節氣匆匆溜過，馬上就到驚蟄了，你知道驚蟄有三驚嗎？

狗小圓：哪三精？蜘蛛精、白骨精和馬屁精嗎？

虎大歪：是驚嚇的驚，不是妖精的精。這第一驚，就是打雷，雷聲霹靂好嚇人！

狗小圓：「春雷響，萬物長」，雖然驚蟄當天打雷是好兆頭，轟隆

隆的雷聲還是很嚇人，難怪古人會在這天祭祀雷神，祈求風調雨順。第二驚是什麼？

虎大歪：第二驚就是傳說掌管口舌與是非的白虎，會出來害人。

狗小圓：搬弄是非是很不好的行爲，白虎出來害人了，我們該怎麼辦呢？

虎大歪：廣東和香港地方有驚蟄「祭白虎」的習俗。畫隻紙老虎，用豬血、生豬肉抹它的嘴巴，把它餵飽，堵住它的口，不能開口說人是非。

狗小圓：我聽過財神和門神，不知道還有掌管口舌是非的白虎神，看來得多加注意。

虎大歪：你講到白虎時，幹嘛用奇怪的眼神看我？

狗小圓：俗話說得好，「東山老虎要吃人，西山老虎也要吃人」，虎大歪也好、白虎也好，都是虎，都會吃人，都得提防。哎呀！你怎麼打我呀？

虎大歪：你誣衊我，不打你打誰？驚蟄當天，雷聲一響，嚇醒蟄伏的蛇蟲鼠蟻，人們手持清香、艾草，驅趕蛇、蟲、蚊、鼠和黴味，久而久之，就演變成打小人的習俗。這第三驚，就是打得小人心驚肉跳、逃之夭夭。

狗小圓：我又不是小人，不要打我。

虎大歪：我是「大」人，你當然是「小」人，驚蟄要打小人，你是「小」人就該打。

狗小圓：別打我了，來吃梨吧，驚蟄不是得吃梨嗎？

虎大歪：沒錯，驚蟄有吃梨的習俗。農夫在驚蟄吃梨，為的是跟害蟲分離，農作物收成好；我倆在驚蟄吃梨，好跟倒楣蟲分離，免得你被雷聲嚇得摔倒，四腳朝天！

狗小圓：也免得你被雷聲嚇得手腳發軟、碗筷掉地上。我有個疑問，曾經有好幾年，都還沒到驚蟄，就打雷了，那會怎樣？

虎大歪：俗話說，未驚蟄就打雷，會連下四十九天雨。

狗小圓：「驚蟄聞雷米似泥」，驚蟄這天打雷，表示節氣正確無誤，風調雨順，稻穀豐收，米價像爛泥巴一樣不值錢。

虎大歪：動物冬天藏伏於土中，不吃不喝，就稱為「蟄」。古人認為春雷「驚」動了「蟄」伏的動物，把這個節氣定名為「驚蟄」。

狗小圓：其實蟄伏的動物根本聽不見雷聲，是因為大地春回、天氣變暖，動物體溫回升，肚子餓了才醒過來。來來來，好吃的豬血糕和豬肉漢堡請你吃，別餓著了。

虎大歪：突然對我這麼好，你又打什麼歪主意？

狗小圓：你自己講的，祭白虎要用豬血和豬肉。

虎大歪：又罵我，看我打你這個小人。

狗小圓：哎呀！救命啊！白虎精打人啦！

虎大歪說民俗趣事 在廣東和香港地方，驚蟄有祭白虎的習俗。在紙上畫隻老虎，用豬血、生豬肉抹紙老虎的嘴巴，把它餵飽，堵住它的口，不能開口說人是非。

四 春分

春分春分、日夜對分。

國曆三月二十日至二十二日

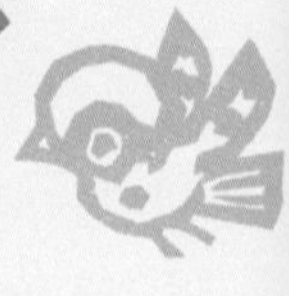

虎大歪：美好的春分時節到了，燕子來了，田裡野菜綠油油，很適合到郊外賞花踏青。

狗小圓：春分來到，是不是表示要和「春」天「分」手，迎接溫暖夏天了呢？

虎大歪：別急，春分的「分」是對半分的意思，春天才過一半，還有一半沒過。我念春分的詩歌給你聽，「春分日，公平天。

夜不長，晝不短，日夜更替各占半。」春分這天太陽直射赤道，白天和黑夜一樣長，所以春分也稱爲日夜分，接下來太陽會漸漸北移。

狗小圓：這個太陽好頑皮，在北回歸線、赤道和南回歸線中間跑來跑去，怎麼不會頭暈腦脹呢？

虎大歪：不對，太陽直射哪裡不是它決定，太陽也不會在太空中跑來跑去，這都是地球「歪打正著」的好把戲。想像你是個大巨人，拿根棍子，從南極中心戳進去，從北極中心穿出來，這根貫穿地球的棍子就是地軸。當地球繞著太陽轉，地軸傾斜了大約二十三點五度，到了春分這天，地球剛好歪著讓太陽直射赤道，懂嗎？

狗小圓：本來難以理解，但是你把地球比喻成蘸著麥芽糖的糖葫蘆，我就清楚明白了，最好再來根糖葫蘆甜甜嘴，什麼天文地理我都了解！

虎大歪：真是個貪吃鬼！春分從古至今都是大日子，古代帝王春分要祭日，直到現在，春分仍然是日本的國定假日，也是伊朗的新年。以農立國的我們也重視春分，「春分到，蛋兒俏」，除了立蛋，還要放風箏、吃春菜和送春牛。

狗小圓：我知道春分有「黏雀子嘴」的習俗，把小湯圓插在田裡給麻雀吃，希望能黏住麻雀小嘴巴，再也不能偷吃農作物。我倒覺得，湯圓好吃又不黏牙，麻雀吃了肯定會留連忘返，不肯離開；用糖葫蘆會比較黏、比較有效。

虎大歪：要是麻雀像你一樣貪吃，農民就糟糕了。我最喜歡送春牛這個習俗，把全年的節氣和農夫耕田的圖樣印在紅紙或黃紙上，叫做「春牛圖」。春分這天，讓一些能言善唱的人，把春牛圖分送給農人，讓他們能依照節氣耕作，祈求風調雨順、五穀豐登。

狗小圓：能言善唱的人？那不就是像我這樣的人嗎？我一邊分送春

牛圖，一邊說些什麼、唱些什麼好呢？

虎大歪：古時候像我這樣能言善唱的人，叫做「春官」，春官講的都是農事俗話和吉祥話。比方說，一呀一，虎大歪好運第一；二呀二，狗小圓肚子好餓；三呀三，虎大歪壽比南山；四呀四，狗小圓天天考試。

狗小圓：換我講了，五呀五，狗小圓雄壯威武；六呀六，虎大歪認輸開溜；七呀七，狗小圓把馬兒騎；八呀八，虎大歪跌了個屁股開花。

虎大歪：得了，別鬧了。春官分送春牛圖，唱的都是吉祥話：一要風調雨順、二要長命百歲、三要金榜高中、四要榮華富貴、五要招財進寶、六要六畜興旺、好呀好，妙呀妙，春官來把喜事報，說得好又唱得妙。

狗小圓：我也來說幾句吉祥話，「春分有雨病人稀，五穀稻作處處宜」、「春分有雨是豐年」。春分這天如果下雨，會是好

的開始。

虎大歪：春分下雨確實是好的開始。你知道復活節和春分有密不可分的關係嗎？

狗小圓：西方的節日和東方的節氣會有什麼關係？

虎大歪：你有沒有注意到，復活節一定在星期天，日期卻不固定。那是因爲，復活節固定在每年春分後第一個滿月之後的星期日。春分過後，北半球開始日長夜短，光明大過黑暗；月圓時，就連漆黑的夜晚也會被月光照亮。

狗小圓：復活節在每年春分後第一個滿月之後的星期日？這是繞口令嘛！有意思。春分才立過蛋，復活節又可以立彩蛋，眞是太棒了！

虎大歪：笨小圓，復活蛋是煮熟的，你立到端午節都立不起來。

五 清明

天清氣明好踏青。

國曆四月四日至六日

虎大歪：「清明時節雨紛紛，路上行人欲斷魂。借問酒家何處有，牧童遙指杏花村。」清明節氣在國曆四月四日到六日之間，適逢農曆三月，清明節又稱爲三月節，天地萬物都清潔而明淨，稱爲「清明」，實至名歸。白色的桐花開了，鵪鶉也出現在田野之間，一陣小雨過後，彩虹妝點天色，桃紅柳綠、春光明媚，詩意盎然。

狗小圓：清明是二十四個節氣裡我最喜歡的一個，朝思暮想盼望清明快來到。

虎大歪：人們在清明節祭祖掃墓，看不出你是慎終追遠的人，佩服佩服。

狗小圓：哪裡哪裡，每一年清明節都搭配著兒童節一起放假，如果遇上週末，連假好多天，我可以玩個不亦樂乎，好開心！

虎大歪：小小腦袋整天只想放假，不像我這大腦袋，除了想放假還想放特別假，最好大家都上班上課只有我放假。

狗小圓：我就知道你偷懶的功力比我還厲害。前幾天校外教學，到故宮博物院看〈清明上河圖〉，好長一大卷，有山水、有建築、有人物，非常熱鬧。圖上最精采的是那座大拱橋，橋上有五十多家攤販，我好想從第一家逛到最後一家，把所有好吃的點心吃一輪。

虎大歪：說到吃，我就比不上你這個貪吃鬼啦！〈清明上河圖〉畫的是北宋首都開封汴河兩岸，清明時節的繁榮景象，既賞心悅目又可陶冶氣質，校外教學看這個，眞是一舉兩得。

狗小圓：清明時節百花盛開，正是踏青的大好時光，除了掃墓祭祖，還有很多習俗，像是郊遊、放風箏、盪秋千、拔河、鬥雞、種樹、折柳枝、戴柳條編織的帽子等等。

虎大歪：沒錯，你剛剛提到「折柳枝、戴柳條編織的帽子」，仔細觀察〈清明上河圖〉，圖中那條長長的河畔，種的就是翠綠的柳樹。

狗小圓：古人沒事就立蛋，清明也來立蛋吧。清明立個蛋、壞事都滾蛋，對吧？

虎大歪：不對，立春和春分都要立蛋，清明節偏偏要「畫蛋」，把白煮蛋的蛋殼染成各種顏色，不但自己吃，也拿來送禮。民俗以爲清明節吃個雞蛋，一整年都不會頭痛，身體好棒棒。

狗小圓：潤餅、紅龜粿和鼠麴粿，這些都是清明節常見的美食，開著小黃花的鼠麴草，甚至被稱做清明草。

虎大歪：走吧，我們去放風箏，順便觀測風向。古人只要看清明的風向，就可以預測農作豐收或歉收。你聽過「清明風若從南起，預報田禾大有收」嗎？

狗小圓：我聽到的是「清明晴魚高上坪，清明雨魚埤下死」。清明天氣晴朗，之後梅雨季節雨水就多，相反則可能會有乾旱。清明節這天還是不要「雨紛紛」才好，要不然大家都跑去酒家，有礙風化。

虎大歪：哎呀！詩中這個「酒家」，指的是賣酒、賣餐點的地方，並非你這個「歪」腦袋想的酒家。

狗小圓：原來如此，我們放完風箏後，一塊兒到「杏花村」吃潤餅和鼠麴粿吧！

虎大歪：說了老半天，你還是想吃，真是個名副其實的貪吃鬼。

六 穀雨

穀雨品茶 賞牡丹。

國曆四月十九日至二十一日

虎大歪：狗小圓，清明連假已經結束了，你又背著行李要去哪？

狗小圓：清明過後穀雨到，穀雨是春天最後一個節氣，也是採收梅子的好時機，我要參加醃製梅子蜜餞和賞牡丹的小旅行。

虎大歪：牡丹也稱爲「穀雨花」，是花中之王。醃梅子、賞牡丹，你的行程應景又應時。

狗小圓：難得你誇獎我，我看，老天要下穀子雨啦！

虎大歪：穀雨指的是「雨生百穀」，這個時節降雨增多，利於農作物生長。還有一種說法眞的和穀子雨有關，你知道誰是倉頡嗎？

狗小圓：當然知道，倉頡是造字那個人。傳說倉頡有四個眼睛，觀察力特別敏銳，造了好多字，害我國語功課寫不完。

虎大歪：倉頡造字成功，玉皇大帝很開心，問倉頡想要什麼禮物？倉頡說想要五穀豐登，讓天下百姓都有飯吃。隔天，眞的從天降下數不清的穀米，後人就把這天定名爲穀雨，有些地方至今還有穀雨祭倉頡的習俗。

狗小圓：你擅長瞎掰鬼扯，應該也能造字，記得跟玉皇大帝許願下「黃金雨」比較實在。

虎大歪：民以食爲天，沒有五穀塡飽肚子，坐擁金山銀山都沒有用，還是穀子雨比較踏實。

狗小圓：大歪說得對。咦，你也背著大行李包要去哪？

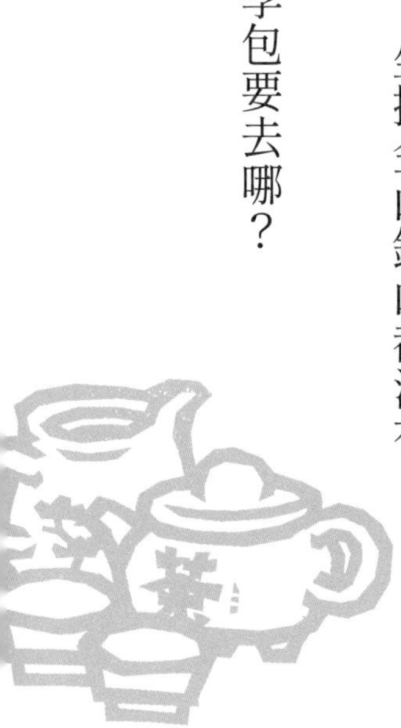

梅

虎大歪：我要去幫朋友採收春茶，春茶最好在穀雨時採收，太早採，茶樹上只有綠芽；太晚採，茶的品質不夠好。

狗小圓：「穀雨茶」能降火氣，你火氣大，喝穀雨茶最好，我喝美味飲料就好。

虎大歪：飲料？誰知道你喝的飲「料」裡加了什麼料？多喝開水才是健康之道。「穀雨相逢初一頭，只憂人民疾病愁」，如果穀雨落在農曆月初，那一年人民就會多病不安。

狗小圓：那我得來對照農曆和國曆，看看穀雨是不是在農曆月初，做好準備才安心。

虎大歪：穀雨之後，害蟲增多，你去採梅子、賞牡丹，要做好防蟲措施。

狗小圓：放心，我隨身攜帶「穀雨貼」，上面畫了大公雞把蛇、蠍子、蜈蚣、壁虎和蟾蜍吃光光的圖案，保證害蟲一看到這張圖，

就逃之夭夭，跑去咬你。

虎大歪：我也帶了一張進化版「穀雨貼」，畫了大公雞吃掉七種毒蟲，比你的版本多了蒼蠅和蚊子，你要小心被蒼蠅騷擾，被蚊子咬成紅豆冰棒腿。

狗小圓：哼，你最好穿暖一點，俗話說，「穀雨寒死虎母」，雖然已過清明，還是會有冷鋒過境，把你凍成老虎冰棒。

虎大歪：我沒聽過什麼「穀雨寒死虎母」，只聽過「穀雨補老母」，穀雨是本土版母親節，兒女要買豬腳麵線給勞苦的母親進補。你說的那個「虎母」，跟我有啥關係？

狗小圓：虎母是虎、虎大歪也是虎，怎會沒關係？

虎大歪：又是這個老哏，狗嘴裡吐不出象牙，看我打你個小人頭。

狗小圓：虎大歪打人啦！快叫「穀雨貼」的大公雞來保護我！

虎大歪說民俗趣事

穀雨之後氣溫升高，害蟲增多，以前的農家會張貼畫有大公雞把蛇、蠍子、蜈蚣、壁虎和蟾蜍這五毒吃掉的圖案，祈求平安。

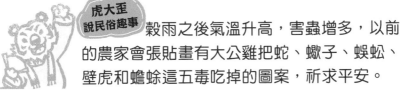

祭

夏天

立夏｜立夏吃一蛋，力氣長一萬

小滿｜吃苦抗暑過小滿

芒種｜芒種忙忙種，端陽吃粽子

夏至｜吃過夏至麵，一天短一線

小暑｜小暑吃瓜賞蓮趣

大暑｜大暑吃仙草，活如神仙不會老

七 立夏

國曆五月五日至七日

立夏吃一蛋，力氣長一萬。

虎大歪：立夏節氣一到，便利商店的涼麵就會上市，你盼望許久的夏天就快要來了。

狗小圓：沒錯，立夏吃涼麵，清爽又順口。立夏之後，就可以和潮溼多雨的春天告別，我要叫爸爸帶我去海邊玩水。

虎大歪：「立」是開始、「夏」是大的意思，「立夏」時春天種植的作物長大了，更需要雨水灌溉，梅雨會緊跟「立夏」的腳步來報到。春雨是綿綿細雨，而梅雨季節的滯留鋒面，經常伴隨瞬間強風、閃電與雷雨，你不怕嗎？

狗小圓：梅雨季又不會天天下雨，怕什麼？我還要叫爸爸帶我去吃剉冰。

虎大歪：「穀雨補老母，立夏補老父」，立夏是傳統的父親節，應該是你要準備好料給爸爸吃，怎麼可以一直叫他爲你做東做西、做牛做馬？

狗小圓：我爸爸可以跟我一起到海邊玩水、一起吃剉冰慶祝。

虎大歪：立夏距離酷熱的夏天還久，玩水吃冰得再等等。不妨試試吃西瓜、喝冬瓜茶或綠豆湯，包你透心涼，退火又消暑，又不會傷身體。

狗小圓：說到冬瓜我就覺得怪，明明就是夏天的瓜，爲什麼要叫「冬瓜」？

虎大歪：冬瓜的表面有白粉，很像冬天凝結的白霜；

再加上外皮有蠟質，減少了瓜內的水分蒸發，保存期限長，甚至可以放到冬天，才被稱爲「冬」瓜。

狗小圓：原來如此。我考考你，有句俗話說，「立夏之日螻蟈不鳴，水潦漫。」螻蟈是什麼東西？爲什麼立夏螻蟈不叫就會淹大水？

虎大歪：螻蟈就是青蛙。立夏當天如果青蛙不叫，那年夏季就會多雨，這是沒有氣象預報時古人的經驗談。來，換我考考你，你知道立夏有秤體重的習俗嗎？

狗小圓：當然知道，據說這一天秤了體重，整個夏天都不會變瘦，你想減肥，立夏當天可千萬別秤體重。

虎大歪：睜大你的小瞇瞇眼，我身材標準，不必減肥。入夏前後，有些人會吃不下、睡不好，「立夏秤人」是提醒人們注意身體。立秋時再秤一次體重，體重增加就是「發福」，體

重減少就說「消肉」。說到這裡，就得講講立夏「掛蛋」的習俗。

狗小圓：我只聽過立蛋、畫蛋，你要掛蛋是說你快完蛋了嗎？

虎大歪：你才是「乖誕」啦！你們小孩挑嘴，比大人更容易在立夏前後生病，「掛蛋」是女媧傳授給百姓的避邪絕招。先煮好「立夏蛋」，挑出最堅硬完整的蛋，用彩線編織成蛋套，把蛋掛在孩子胸前。胸前掛了蛋，出門跟別的孩子鬥蛋，比賽看誰的蛋殼硬，第一名就是「蛋王」。

狗小圓：鬥蛋之後，那個掛在胸前的蛋還是可以吃吧。

虎大歪：當然，「立夏吃蛋，石頭踩爛」、「立夏吃一蛋，力氣長一萬」，雞蛋是很好的營養品，水煮蛋更可以完整保存蛋的營養。

狗小圓：真是太棒了，今年立夏我要挑一顆最硬的「立夏蛋」跟你鬥蛋，準備接招吧！

虎大歪：沒問題，我會掛鴕鳥蛋應戰，想跟我鬥蛋，你肯定完蛋。

八 小滿

吃苦抗暑過小滿。

國曆五月二十日至二十二日

虎大歪：小滿節氣到了，還記得你那個「吃美食過二十四節氣」理論，小滿輪到吃什麼嗎？

狗小圓：哎呀！小滿要吃苦菜，不，我絕不吃苦！

虎大歪：俗話說，「花季清明，雨季小滿」，小滿預告炎熱夏季正式開始，暑氣和溼熱都讓人精神不振，吃些苦菜、苦瓜，喝喝苦茶，消暑又祛溼，所謂「吃得苦中苦，方爲人上人」。

狗小圓：我不喜歡吃苦菜，如果是雞肉很多、苦瓜很少的苦瓜雞湯還勉強接受，苦茶就免了。你說的「吃得苦中苦」，應該是指辛苦與艱苦，而不是指苦菜和苦瓜，我沒那麼好騙。

虎大歪：不過，苦菜到底是什麼菜呀？苦菜有很多種，菊苣、芥菜、蒲公英這些吃起來略帶苦味的菜都算苦菜。多吃苦，防中暑。我小時候身材矮小，不喜歡吃苦瓜，連苦瓜雞湯也不喝，長高長大以後口味改變了，鹹蛋苦瓜、酸菜苦瓜、涼拌苦瓜、苦瓜雞湯，我都喜歡。

狗小圓：你看吧，小朋友都不愛吃苦，更何況天塌下來都是「高」個子頂著，你好好頂著天，我的苦菜配額都送給你，不必客氣。書上說小滿的時候，桑葚正成熟，我喜歡吃桑葚，酸酸甜甜好開胃。

虎大歪：沒錯，桑葚好吃、營養、對身體有益。臺灣緯度較低，很多地方的桑葚在清明與穀雨之間就成熟了。瞧你，後知後覺，想吃桑葚已經來不及了。

狗小圓：沒關係，小滿當令的水果很多。桃子、李子、西瓜、土芒果和我最喜歡的香蕉，都在這時候上市。吃香甜香蕉、喝香蕉牛奶，營養健康正當時。苦菜留給你，香甜水果都歸我，這叫做「吃得甜中甜，方爲可愛人」。

虎大歪：可憐沒人愛的人才要說自己可愛啦！

狗小圓：對，我是不像你人見人「哎」呀。考考你，在二十四節氣中，總是能大小湊一對。大暑配小暑；大雪迎小雪；大寒對小寒。可是小滿後面卻沒有大滿，這是爲什麼呢？

虎大歪：小滿是指早熟的麥和稻已經結粒飽滿，卻還沒有成熟，此外，小滿時節正逢梅雨季，這時雨水充沛，河裡和田裡都蓄滿了水。然而「月滿則虧，水滿則溢」，所以節氣只有

小滿，沒有「大」滿。就像我們倒水時，只倒八分滿，保持小滿而未滿的狀態，才是最幸福的時候，這是古人的智慧。

狗小圓：說得好，有道理。就算你喜歡吃苦菜、喝苦茶，還是要適可而止，免得吃多了，吃出一張苦瓜臉！

虎大歪：你才該注意，整天吃香喝甜，小心被螞蟻搬回家當過冬糧食！

狗小圓：蠶寶寶才要當心螞蟻。我養過蠶寶寶，每一隻都長得白胖可愛，可惜還來不及結繭就被螞蟻當作宵夜吃了，好可憐。

虎大歪：傳說小滿是蠶神的誕辰，養蠶人家會舉行隆重儀式為蠶神祝壽，也希望蠶神好好照顧蠶寶寶。

狗小圓：我倒覺得應該請螞蟻神幫忙，要螞蟻別來找蠶寶寶的麻煩。

虎大歪：我看，你這個愛吃糖的饞寶寶才應該請螞蟻神放過你。

九

芒種

國曆六月五日至七日

芒種忙忙種，
端陽吃粽子。

狗小圓：芒種節氣到，畢業季節也來到，祝福大家六六大順，鵬程萬里。

虎大歪：「芒」是指稻麥的穀粒上長出細芒，而「種」則意謂著穀粒飽滿成熟、結實成「種」，可以收割了。這時候，農田裡趕著採收作物和播種；校園裡忙著學生畢業和招生，大家都很「忙」。

狗小圓：芒種來了，農曆五月也到了，古人說農曆五月是「惡月」或「百毒月」，嚇死寶寶了，我要提醒爸爸趕緊去買雄黃酒，先喝幾口避避邪。

虎大歪：「芒種」時氣溫高，常有午後雷陣雨，雨後空氣悶熱，食物容易腐敗，再加上蚊蠅等害蟲大量滋生，消化道疾病和傳染病增多，才會有「惡月」或「百毒月」的說法。你年紀小不能喝酒，而且雄黃有毒，不妨在門口掛艾草、菖蒲或是戴香包祛邪，如果這些方法都沒有效，也可以貼你的照片試試看。

狗小圓：哼！貼你的照片才有避邪效果。說到香包，就想到五月五、過端午，邊看龍舟比賽、邊吃粽子，不管是南部粽、北部粽、湖州粽、客家粿粽或是鹼粽，各地的粽子我都喜歡，先吃鹹粽當正餐，再吃甜粽當點心，好吃又不膩，真是至高無上的享受。

虎大歪：瞧你，說起美食，眼睛啵亮、精神超好，對你這饞鬼來說，

農曆五月應該是「餓月」吧。你聽過「芒種蝶，討無食」嗎？春天百花齊放，芒種時花都凋謝了，蝴蝶找不到食物，可憐兮兮餓肚子。

狗小圓：這個季節花雖然少，卻盛產瓜類和水果。西瓜、荔枝、芒果、鳳梨都香甜可口；絲瓜、蒲瓜、小黃瓜和苦瓜也爬滿籐架，蝴蝶應該換換口味，不要太挑嘴。芒種第一候就是螳螂生，螳螂選在這時節破卵而出，昆蟲食物可是源源不絕呀！

虎大歪：蝴蝶要是像你一樣，有靈敏的美食雷達，就不會餓肚子了。提到端午節，就想到「未吃端午粽，破裘不可放」這句俗話，端午節過後，就可以收起棉被和厚重的冬衣。不過出門最好帶傘，俗話說，「芒種逢雷美亦然，端陽有雨是豐年」，芒種時天氣炎熱，下大雷雨，是豐收的好預兆，如果端午節也下雨，那就更棒了。

狗小圓：「四月芒種雨，五月無乾土，六月火燒埔」，芒種時節如果下雨，就會持續下到農曆五月，沒有任何土地是乾燥的，

到了農曆六月則會轉爲炎熱的天氣，熱得我只想躲在冷氣房吃冰棒。

虎大歪：天氣熱，人就懶散，「芒種夏至天，走路要人牽，牽的要人拉，拉的要人推」，這句話說的就是你這種「能躺就不坐，能坐就不站，能站就不走，能走就不跑」的懶惰鬼。

狗小圓：夏日炎炎正好眠，因爲晝長夜短，再加上天氣炎熱，要比其他季節晚睡早起，中午再小睡一下，消除疲勞，有益健康。

虎大歪：「春爭日，夏爭時」，農夫不但忙著搶收，還要忙著播種，正所謂「芒種忙忙種」。有些作物得在「芒種」時播種，才趕得上秋收，如果播種時間晚了，作物缺雨水就會長不大。

狗小圓：有這回事？我要趕快去種柚子樹，中秋節就可以採柚子囉！

虎大歪：哈哈，柚子樹要好幾年才能結果，你現在才種柚子樹，今年中秋節你只能採收「竹本口木子」，笨呆子呀！

虎大歪說民俗趣事

芒種和端午經常密不可分（農曆閏月時除外）。端午節是傳統三大節日之一，除了有划龍舟比賽，還可品嘗各地不同口味的粽子。吃完粽子，農夫就要準備播種，才能趕得上秋收。

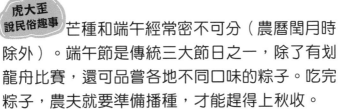

十 夏至

國曆六月二十日至二十二日

吃過夏至麵，一天短一線。

狗小圓：夏至來了，我也熱歪了，要改名叫狗小歪啦！

虎大歪：夏至是二十四節氣裡最早被確定的節氣，但還不是一年當中最熱的時候，要有心理準備。來，給大家講講，夏至有什麼好吃的？

狗小圓：夏至是很重要的節氣，很多地方都會吃麵來慶祝，我好喜歡吃麵，眞是太棒了！

虎大歪：西元前七世紀，古人用土圭測量日影，發現每一年都會有一天日影特別短，就把這一天稱作夏至。夏至時太陽直射北回歸線，是北半球白天最長、黑夜最短的一天，夏至過後白天就會漸漸縮短，才會有「吃過夏至麵，一天短一線」的說法。

狗小圓：夏至時麥子剛收成，用新麥做成麵條嘗新是重要的習俗。舅舅在臺中種麥子，最近才收到他剛做好的全麥麵條，煮成炸醬麵配蝦醬空心菜，超讚的。

虎大歪：你就知道吃。夏至時，中南部的一期水稻已經成熟，農夫從早到晚忙著收割，「夏至早晚鋸」說的就是這個情景。舅舅在烈日下揮汗工作，你要送西瓜和涼麵去慰勞他才對。

狗小圓：心有餘而力不足啊。「芒種夏至天，走路要人牽」，說的就是我。古人說，「不過夏至不熱」，可是你看紀錄就知道，有好些年五月小滿時節，只要梅雨遲到，炎熱高溫就會嚇死人。

虎大歪：書上說「吃了莧菜，不會發痧；吃了葫蘆，腿就有力」。

狗小圓：有這回事？夏至田裡盛產的瓜類和蔬菜，能驅除暑熱，是抗暑良方，我趕快打電話跟舅舅講。

虎大歪：夏至處在夏季的中點，又叫做「半夏」，這時候荷花開得如火如荼；蟬兒叫得震天價響，我的痱子也冒出來湊熱鬧，左邊癢完右邊癢，只能盼著冷涼秋風早點到。七月初正是大學入學考，考生在考場考試，外頭還有太陽陪烤，真是煎熬。

狗小圓：是啊！一早醒來就熱得要命，吃過午飯又有午後雷陣雨，暴雨夾雜著雷聲，轟隆轟隆，午睡經常被嚇醒。來一盤涼麵配冰鎮荔枝與西瓜，可以祭五臟廟壓壓驚。

虎大歪：瞧你這麼會吃，怎麼沒吃成狗胖圓，反而瘦了一圈呢？

狗小圓：你才是虎胖歪咧！我會瘦，都是夏天惹的禍。「芒種夏至天，有得吃也懶得去」，這種天氣即使有人請客吃飯，一

看到外頭炙熱的陽光，就懶得出門。

虎大歪：所以說夏至是減肥的最佳時機。「苦夏掉肉」，多吃一些苦菜、苦瓜、芹菜、空心菜等，可以提神醒腦消暑熱，你看我肥軟的小肚肚已經消了一些。

狗小圓：冬天時盼望夏天，等到夏天來了，又熱得吃不消。媽媽怕晒黑，爸爸怕中暑，都不肯帶我去海邊，冰棒也限定一天一根。「夏至風颱就出世」，希望颱風快快來，消消暑。

虎大歪：颱風的確可以帶來解決苦旱的雨水，卻也可能帶來災禍，要確實做好防颱準備，所謂「防患未然」呀！

狗小圓：幸好夏至之後暑假就到了，找個涼爽的地方度假兼避暑，一舉兩得。

虎大歪：告訴你一個祕密，夏至中午時，北回歸線上的地區，將會出現「立竿不見影」的景象，嘉義和花蓮的北回歸線標誌塔，中午會完全沒有影子喔。

狗小圓：我知道，因爲太陽在中午十二點直射北回歸線，當然不會有影子，好想跟哆啦A夢借竹蜻蜓或任意門，在夏至中午，沿著北回歸線走一圈，體驗「來無影去無蹤」的快感。

虎大歪：好主意！不過，你得跳過廣東和廣西。

狗小圓：爲什麼要跳過廣東和廣西？這兩個地方的北回歸線有什麼蹊蹺嗎？

虎大歪：因爲這兩個地方，夏至有吃狗肉配荔枝的習俗，你是狗，怎麼會沒聽說過「夏至狗，沒路走」呢？

狗小圓：「夏至食個荔，一年都無弊」，想要進補，吃荔枝就好了，狗是人類的好朋友，不是食物。有這種怪習俗，我還是待在家吃涼麵配冰鎮荔枝與西瓜，開心過夏至節就好。

十一 小暑

國曆七月六日至八日

小暑吃瓜賞蓮趣。

虎大歪：放暑假啦！這是小朋友最開心的時刻，你怎麼無精打采懶洋洋？不想放暑假只想上學去？

狗小圓：怎麼可能？放暑假當然好，但是小暑節氣也到了呀，「小暑過，一日熱三分」，涼風變溫風，走幾步路就汗如雨下，連小蟋蟀都跑到庭院的牆角避暑，我只能搖著扇子，哪邊涼快哪邊去。

虎大歪：跟你講個壞消息，小暑後頭還有更熱的大暑，古人說，「熱在三伏」，大暑時候的「三伏天」，才是一年最熱的時候。

狗小圓：速食店的「大薯」和「小薯」分量和價格都差很多，如果大暑和小暑溫度也差那麼多就糟糕了。三伏天又是什麼時候呢？

虎大歪：別擔心，「熱在大小暑，好有雷陣雨」，幸好這時節常有午後雷陣雨，幫忙降溫消暑。三伏天是一年中最悶熱的時候，在小暑與立秋之間，用古代的「干支紀日法」推算，日期並不固定。你快查查黃曆，確定何時入伏、啥時出伏，找個涼快的地方躲好。

狗小圓：爲什麼要我躲起來？你想趁機做壞事怕我看見嗎？

虎大歪：「伏」字，是指像「狗」匍匐著，有俯伏、趴下、躲藏的意思，你是「狗」小圓，正好示範三伏天該怎麼趴、要怎麼躲才專業。

狗小圓：你就愛消遣我。「小暑大暑，上蒸下煮」，拿來料理你剛剛好。「六月初一，一雷壓九颱，無雷便是颱」，農曆六月初一這一天如果打雷，當年的颱風就很少；如果沒打雷，颱風就會超級多，颱風一來就消暑啦！

虎大歪：就怕颱風造成大災難。其實火辣辣的太陽也有優點，你聽過「六月六，曝龍袍」嗎？古代皇帝在農曆六月六日晒龍袍，老百姓也在這天把衣服、棉被、書籍、圖畫等拿出來曝晒，既能除去梅雨季節的溼氣，還能防蛀蟲。

狗小圓：我只知道「六月六，仙草水米苔目」，吃冰、喝涼茶消暑又解渴。小暑節氣裡可以吃西瓜、吃芒果、吃蓮子。你知道小暑專有的「三花三葉三豆三果」嗎？

虎大歪：我猜三花是豆花、爆米花和雞米花；三葉是地瓜葉、明日葉和茉麗葉，對吧？

狗小圓：錯錯錯，連六錯。「三花」是金銀花、菊花和百合花，沖泡來喝，消暑又解渴。「三葉」是指荷葉、淡竹葉和薄荷葉，最特別的是荷葉，可以做荷葉飯，還可以蒸荷葉排骨和好吃的糯米雞。每次到港式茶樓，我都要點兩份糯米雞，吃個過癮。

虎大歪：快去照鏡子，看看你那饞鬼樣。三苦又是哪三苦呢？

狗小圓：哪有三苦？你熱到頭殼壞掉？是三豆和三果，「三豆」是綠豆、赤小豆和黑豆，它們是「夏季滅火器」，清熱降火排第一。三果是西瓜、苦瓜和冬瓜，西瓜我愛吃，苦瓜和冬瓜歸你，不必客氣。

虎大歪：我從小滿開始吃苦，現在我想吃小暑三寶——黃鱔、綠豆芽和蜜汁蓮藕。小暑前後一個月的黃鱔最滋補，效果賽人參；炒綠豆芽清熱解毒又除溼，公認的夏季瘦身妙招；蜜

汁蓮藕解熱、補脾胃，冰涼甜蜜真好吃。

狗小圓：我媽媽做的蓮藕排骨湯和蓮子甜湯，天下第一美味。

虎大歪：說到蓮子，你知道臺南白河有「蓮鄉」的美稱嗎？每年六月到八月，都會舉辦蓮花節文藝季，我倆來一趟白河蓮花之旅吧！

狗小圓：我才不要跟你一起旅行，你睡覺會放屁還會磨牙，好恐怖！

虎大歪：你的睡相才差呢，既會打呼又會打人，嚇死人！

狗小圓：嘿嘿，半斤八兩，別在這裡互揭瘡疤，丟人現眼，快打電話預訂行程吧！

十二 大暑

國曆七月二十二日至二十四日

大暑吃仙草，活如神仙不會老。

虎大歪：報告報告，大暑報到，這是夏天最後一個節氣，再撐過十五天，就要立秋啦！「大暑公（大暑在單數日）好年冬，大暑母（在偶數日）老鼠滿田走。」哎呀！狗小圓，你怎麼穿件吊嘎就上臺？脖子和背上紅一片、紫一塊，是不是偷偷玩水挨揍了？

狗小圓：看你一臉開心，分明就是貓哭耗子假慈悲。我中暑了，頭昏腦脹沒食慾，奶奶幫我刮痧刮成這樣。「小暑大暑無君子」，貪圖涼快舒適才穿吊嘎，天氣熱讓我這個君子也顧不得面子啦！

虎大歪：你是君子？那我就是聖人！你那叫做「熱衰竭」，不是中暑。中暑時體溫會超過四十度，不是刮痧就可了事，要趕快上醫院。

狗小圓：昨天跟同學在公園打籃球，流了一身汗，接著到冰店邊吹冷氣、邊吃剉冰，雖然很快就消暑，可是才回到家就不舒服了。

虎大歪：「大暑要熱透，才有好年冬；大暑熱不透，大水風颱到」，爲了有好年冬、颱風不危害，大暑的天氣再熱，你還是忍耐點。「六月大暑吃仙草，活如神仙不會老」，打完球後先回家沖個溫水澡，再喝碗仙

燒

草，既消暑又不會熱衰竭。

狗小圓：早知道熱衰竭這麼難過，就貼「三伏貼」來預防。

虎大歪：「大暑」是一年當中陽氣最盛的時候，貼三伏貼可以祛除身體裡的寒氣，治療慢性虛寒疾病，或是抑制疾病復發，並不是用來預防熱衰竭，也不是每個人都可以貼。戰勝大暑很簡單，牢記四大祕訣：少吃冰、多運動、多吃薑、早睡早起不熬夜。

狗小圓：少吃冰我心裡難過、多運動我可以照做、多吃薑我備受折磨、早睡可以早起別叫我。來來來，吃鳳梨，大暑吃鳳梨，平安吉祥旺旺來。

虎大歪：任何話題你都可以轉到「吃」，真是太厲害了。考考你，農曆六月十五日是「半年節」，人們會吃什麼來慶祝呢？

狗小圓：吃甜甜的「半年圓」，象徵圓滿平安。

虎大歪：我喜歡吃海鮮，大暑時節東北海域有魷魚，基隆外海有小卷和赤鯮，彰化海域的黃鰭鯛也不錯。

狗小圓：哇，好專業的魚類饕餮達人哪！

虎大歪：哪裡哪裡，跟你比起來還差一大截！哎呀！天色昏暗、雷聲隆隆，午後雷陣雨來了。

狗小圓：我怕打雷，最討厭午後雷陣雨。

虎大歪：俗話說，「大暑大落大死，無落無死」，大暑時節最怕颱風帶來過多雨水，淹死農作物，也怕乾旱，導致休耕。「熱在大小暑，好有雷陣雨」，如果每天來一場午後雷陣雨，既可消暑氣，又對農作物有利。我開車上路最喜歡遇到午後雷陣雨，消暑兼洗車，真的好棒棒。

狗小圓：大雨滂沱中，雷公和電母，一個拿著清潔劑，一個拿著海綿幫你洗車，我把你在車子裡嚇得半死的樣子拍下來，真

是太好笑了。

虎大歪：我在車子裡不怕閃電，你站在大雨中拿手機拍照，小心變成「烤焦小狗」。

狗小圓：你就是壞，淨欺負我。

秋天

立秋｜立秋微涼讀詩趣

處暑｜處暑秋梨最養人

白露｜白露採柚盼中秋

秋分｜秋色平分一輪滿

寒露｜寒露九降風，柿餅蟧蟹豐

霜降｜霜降芒花開，吃補迎冬來

十三 立秋

國曆八月七日至九日

立秋微涼讀詩趣。

虎大歪：立秋啦！來來來，告訴你們一個很棒的資訊，「朝立秋，冷颼颼；夜立秋，熱到頭」，如果立秋時間在早上，氣候就會涼爽宜人，萬一在夜晚立秋，天氣就會一直熱熱熱，熱到頭。我來研究一下今年是朝立秋還是晚立秋。

狗小圓：什麼？立秋也要看時辰？我覺得立春、立夏、立秋和立冬這幾個節氣，根本都是假象，不管是朝立秋還是夜立秋，天氣都會熱得像夏天。八月八日是父親節，我要帶爸爸到海邊度假，還要吃烤肉。

虎大歪：臺灣地處亞熱帶，立秋時天氣還很炎熱是正常現象，八八節要爸爸帶你到海邊玩水烤肉，眞是孝順的好孩子。

狗小圓：「小暑大暑，有米也懶得煮」，前一陣子天氣熱，害我和爸爸都沒什麼胃口，立秋這天秤體重，肯定變瘦不少，得依照習俗「貼秋膘」，把肉養回來。

虎大歪：沒錯，想像身邊吹來淒涼的秋風，胃口也就跟著打開。在立秋這天「以肉貼膘」，吃燉肉、烤肉、涮肉、紅燒肉……各式各樣的肉，才能補貼從立夏以來，因爲苦夏而消失的體重。

狗小圓：吃了鹹鹹的肉就要配甜甜的龍眼，龍眼又稱「福圓」，立秋時節正盛產。俗話

說，「食福圓，生子生孫中狀元」，盡量吃，別客氣。

虎大歪：對身體再好的東西都要適量，龍眼吃太多會上火，肉吃太多對健康也不好。立秋又稱交秋，雖然偶爾有熱死人的「秋老虎」來搗蛋，但是「一場秋雨一場寒」，接下來每下一次雨，天氣就會涼爽一些，好期待。

狗小圓：「雷打秋，稻仔像嘴鬚，甘藷像泥鰍」。立秋打雷，稻米休想豐收，地瓜長得像泥鰍一樣細小，所以，立秋這天最好不要打雷下雨，對吧？

虎大歪：半對半錯，立秋不要打雷，但是要下雨。因為「立秋雨淋淋，遍地是黃金」，「立秋無雨是空秋，萬物歷來一半收」，立秋下雨才是好事。

狗小圓：秋天是收穫的季節，只要立秋下雨，我們就可以期待豐收，接著就可以好好休息囉！

虎大歪：不不不，二期稻作最怕遇到低溫，農夫得抓緊時機在立秋

前後插秧播種，他們一年到頭都不得閒呢。不過，立秋到，牛郎和織女相會的日子也近了，再怎麼忙，也要和心愛的人共度七夕情人節，你有什麼計畫呢？

狗小圓：我是單身狗，情人節和我沒關係，我都待在家裡吃油飯配麻油雞。

虎大歪：誰說七夕和你沒關係？七夕又稱爲「乞巧節」，瞧你，兩手笨拙又缺少智慧，可以在七夕向織女乞求智慧和巧藝，好好把握良機，錯過了就要等明年哦。

狗小圓：謝謝你的雞婆。光是看你「乞巧」多年，還是一副呆頭笨

腦的模樣，就知道乞巧長智慧的效果有限。還是吃「糖粿」長肉肉比較實在，「糖粿」是包著好吃餡料的湯圓，中央用手指壓個凹洞，用來盛裝織女的眼淚。

虎大歪：織女一年才能見牛郎一次，這樣悲慘的情人節讓人感傷落淚，我不喜歡也不想過，還是吃油飯、麻油雞和糖粿，讀讀牛郎織女的故事，再念一首小詩，這樣過七夕，文青味十足。

狗小圓：說到文青，非我莫屬。「銀燭秋光冷畫屏，輕羅小扇撲流螢。天階夜色涼如水，臥看牽牛織女星。」來，叫我唐詩專家。

虎大歪：這首詩連黃口小兒都能朗朗上口，你不會背才是新聞。讓我背一首高級的立秋詩給你聽。

「乳鴉啼散玉屏空，一枕新涼一扇風。睡起秋聲無覓處，滿階梧桐月明中。」這首詩難度比較高，文青我當之無愧。

狗小圓：滷鴨蹄？鴨子用滷的好吃嗎？鴨子有蹄嗎？貪吃鬼才會背這種怪詩……欸，你幹嘛一臉鐵青，哎呀！虎大歪咬人啦！立秋「咬秋」是要咬西瓜、不是咬我啦！

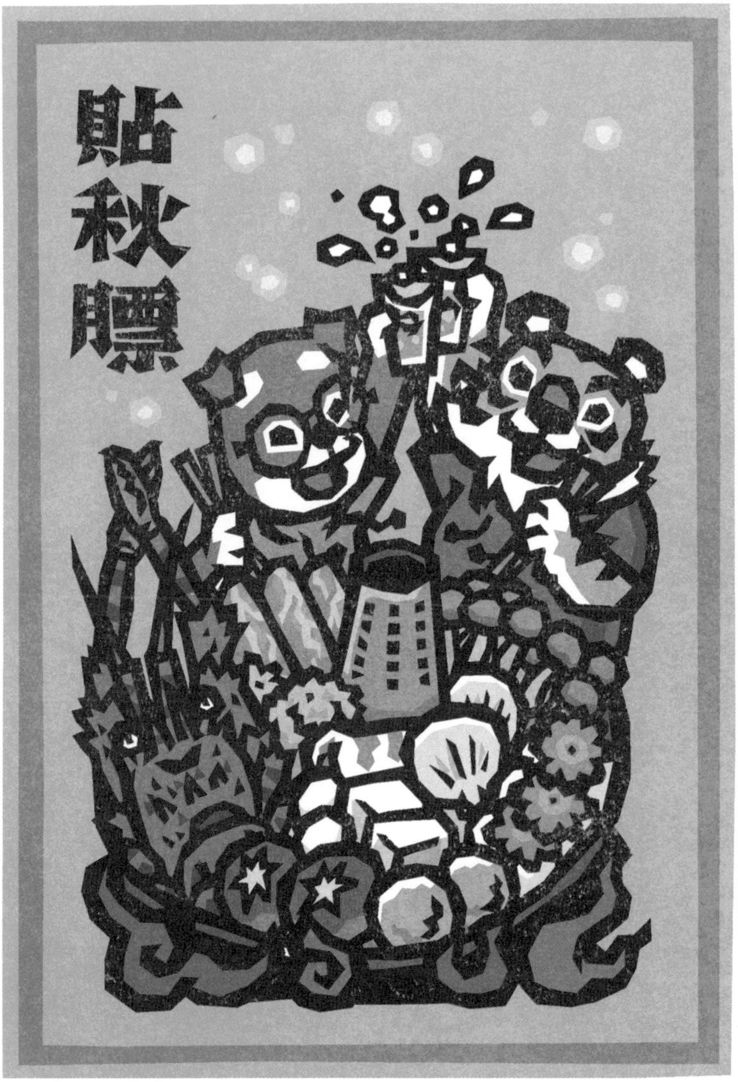

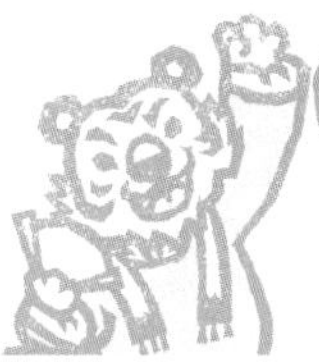

立秋後天氣漸漸轉涼，胃口也慢慢變好。人們在秋天大吃大喝，補回在三伏天苦夏的日子流失的體重，稱為貼秋膘。

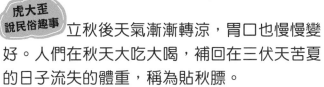

十四 處暑

國曆八月二十二日至二十四日

處暑秋梨最養人

虎大歪：來來來，說文解字囉。處暑，處，三聲處，是停止的意思，炎熱暑氣到此停止，要出暑了。

狗小圓：我反對，我覺得處暑應該是指，立秋後天氣還是「處」於「暑」熱當中，熱「暑」人了。

虎大歪：悶熱的三伏天通常在處暑前後結束，然而夏天的暑氣並沒有完全消退，有時候突然回熱好幾天，熱到像老虎一樣會

咬人，俗稱秋老虎，「處暑處暑，曝死小狗」。

狗小圓：我又反對，俗話都會押韻，應該是「處暑處暑，曝死老虎」才對。我還寫了個順口溜：「秋老虎，毒過虎；虎大歪，毒過秋老虎。」

虎大歪：你又不屬鴨，怎麼跟七月半鴨子一樣，不知死活，胡亂呱呱呱？

狗小圓：說到鴨子我就來勁。民間有處暑吃鴨的習俗，因爲鴨肉味甘性涼，正好抵銷秋老虎的威力。白切鴨、檸檬鴨、烤鴨、核桃鴨，我全部都想吃，光想就口水流滿地。

虎大歪：有些地方會燉「蘿蔔老鴨煲」或「紅燒鴨塊」，分送給鄰居朋友，祝福大家健康，這個老習俗叫做「處暑送鴨，無病各家」。

狗小圓：我之前一直不明白，中元普渡時，供桌上雞、鴨、魚、豬都有，爲什麼只說「七月半鴨子，不知死活」。現在總算

了解，農曆七月根本就是鴨子的歸天月嘛！

虎大歪：我再考考你，你聽過「秋後算帳」吧？每個季節都可以算帳，爲什麼要選秋後呢？

狗小圓：這我倒是沒想過，因爲我可愛又討人喜歡，沒有人會找我算帳。不像你長得一臉欠罵討打樣，找你秋後算帳的人，肯定大排長龍。

虎大歪：如果你直接坦承不知道，求我告訴你答案會比較可愛。

狗小圓：好吧，拜託你跟可愛的狗小圓說說，爲什麼要等到秋後，才能跟虎大歪算帳呢？

虎大歪：春耕、夏耘、秋收、冬藏，是農夫一整年的生活縮影。秋天是收成的季節，「處暑滿地黃，家家修糧倉」就是描寫這個景象。作物收成賣了錢，欠人的穀子與債務，都得趕緊還清，不能欠過年。說到這裡我才想到，大暑時你跟我借的凱蒂貓游泳圈，到現在還沒還。

狗小圓：我看你肚子上有一圈天然游泳圈，料想你應該是游泳高手，以爲你不需要凱蒂貓游泳圈了，沒想到你和我一樣是旱鴨子。

虎大歪：有借有還，再借不難，有借不還是小狗。

狗小圓：沒關係，我本來就是小狗。看你氣到快爆炸了，快來喝一碗酸梅湯，「處暑酸梅湯，火氣全退光」。大歪大歪別生氣，泳圈明天還給你。

虎大歪：哼，看在好喝的酸梅湯份上，這次就原諒你。其實入秋以後要吃「苦」才對，喝苦茶配仙楂餅，清熱又去火。

狗小圓：苦茶你留著自己慢慢享用，我吃處暑盛產的「高接梨」就好，處暑秋梨最養人。誰像你又傻又笨，就愛自討苦吃。

虎大歪：你這麼不善良，出門要小心西北雨，雷神可能會幫我教訓你。

狗小圓：有你這高個子在我身邊，打雷我不怕。更何況「一雷破九

颱」，午後下雷雨，不怕颱風來。跟秋颱比起來，午後雷陣雨的雷響就像蚊子叫。

虎大歪：沒錯，俗話說，「不怕七月半鬼，只怕七月半水」，秋颱經常夾帶致災性豪雨，比鬼還要可怕。

狗小圓：我怕颱風，也怕鬼，還是乖乖躲在家裡，吃烤鴨佐梨子配酸梅湯。

虎大歪：你就會吃，總有一天吃成大肥豬，跟七月半的鴨子一起手牽手上供桌。

狗小圓：你這隻眾人唾棄的秋老虎才要躲好，免得被圍剿。

十五 白露

國曆九月七日至九日

白露採柚盼中秋。

虎大歪：節氣來到白露，晚上水氣遇冷凝結，清晨化作「白露」。「露從今夜白，月是故鄉明」，在這個讓人詩興大發、秋高氣爽的好節氣，你怎麼苦著一張臉？

狗小圓：看我的貓熊眼就知道爲什麼。

虎大歪：「白露秋分夜，一夜冷一夜。」白露後天氣轉涼，晚上涼爽多了，你怎麼會睡不好呢？

狗小圓：開學前熬夜趕暑假作業，開學後早起趕上學，每天都睡不飽，校門開比鬼門開還可怕。

虎大歪：誰叫你暑假貪玩又貪睡！你怎麼東抓西抓的，又怎麼啦？

狗小圓：昨天去採文旦，蚊子對我又親又吻，害我滿腿紅豆冰，癢死了。舅舅告訴我，文旦通常在白露前後採收，如果白露跟中秋太過接近，文旦會滯銷。如果間隔時間長一些，文旦有時間消水，肯定香甜好吃。

虎大歪：太棒了，我最喜歡吃文旦。聽說「喝了白露水，蚊子閉了嘴」，你再忍耐幾天。

狗小圓：快告訴我白露水哪裡買？誰囉嗦我就請誰喝。

虎大歪：白露水就是清晨的露水，沒得買。你心眼壞，肚子痛活該。

狗小圓：哎呀！我肚子好痛。

虎大歪：可能是剛剛吃了太多西瓜才會肚子痛。

虎大歪：白露時晝夜溫差大，西瓜又寒又涼，吃多傷脾胃，你沒聽說過「秋瓜壞肚」嗎？

狗小圓：白露時白天還是很熱，不吃西瓜消暑，難道要我吃剉冰嗎？

虎大歪：瓜類可以適量的吃。白露後改吃梨，潤肺又止咳。蘋果也好，有多種維生素和鉀。龍眼更棒，白露吃龍眼，一顆抵過一隻雞。

狗小圓：秋天不是要貼秋膘，把「苦夏」流失的體重補回來嗎？誰知道秋天和夏天的飲食標準差別這麼大！

虎大歪：白露是典型秋季氣候，特點是乾燥，也就是「秋燥」，容易口乾、舌燥、鼻乾、咽喉乾及大便乾結、皮膚乾裂。

狗小圓：哇！秋天這麼恐怖，從口腔到肛門，整條消化管道都乾巴巴，吃西瓜又肚子痛，太慘了。

虎大歪：秋天要養肺，肺是嬌嫩的器官，最怕秋燥，做好幾個步驟，

好好保養它就沒問題。

狗小圓：保養肺臟還有標準步驟？說來聽聽。

虎大歪：第一，保持心情愉快，常常哈哈大笑，吸入足夠新鮮空氣，呼出廢氣，加速血脈運行，增加肺活量，哈哈哈。

狗小圓：我沒事就哈哈哈，一定被同學笑傻瓜。

虎大歪：第二，體質燥熱的人少吃薑，薑吃多了容易上火。「一年之內，秋不食薑；一日之內，夜不食薑」，辛辣燒烤之類的食物也要少吃。

狗小圓：我不愛吃薑也不吃辣，中秋才會吃燒烤。

虎大歪：第三，「處暑十八盆，白露勿露身。」處暑時天氣還很熱，每天要用一盆水洗澡，經過十八天，到了白露，就不能打赤膊，不能再穿吊嘎囉。

狗小圓：媽媽讓我和爸爸把涼蓆收起來，也是這個道理嗎？

虎大歪：沒錯，還要注意腹部保暖，不能露肚臍。
狗小圓：書上說，喝白露茶和白露酒很讚喔！
虎大歪：嘿，小孩子不能喝酒，茶也要少喝。你呀！還是乖乖吃蘋果、啃水梨、剝文旦給我吃。

十六 秋分

秋色平分一輪滿

國曆九月二十二日至二十四日

狗小圓：一日不見，如隔三秋。可愛的秋分來了，和白露隔十五天，如隔四十五年。大歪，我好想你呀！

虎大歪：嘿，你這老氣橫秋的告白眞肉麻，你是想到我家打秋風吧？

狗小圓：我只知道秋風秋雨愁煞人，當秋風吹、秋雨落，天氣轉涼不能吃冰，讓人惆悵。打秋風是什麼意思？秋風能打嗎？

虎大歪：秋分之後晝短夜長，蕭瑟秋風吹起滿地落葉，引發詩人悲秋感嘆，和不能吃冰沒關係，你別胡亂說。「打秋豐」俗稱打秋風，指假借名義或利用關係，向人索取財物的行爲。

狗小圓：我善良可愛又正直，不是那種人。中秋節快到了，大歪媽媽做的棗泥蛋黃酥，讓我口水直流，今年還可以到你家打工換月餅嗎？

虎大歪：不行，去年你邊幫忙、邊偷吃蛋黃，棗泥蛋黃酥被你偷吃，減料成棗泥蛋黃不見酥，今年你只能在你的春秋大夢中做空氣月餅。

狗小圓：秋分時要黏雀子嘴，好吃的湯圓除了自己吃，也要叉幾顆放在田邊招待小鳥，小鳥才不會來破壞莊稼。同樣的，你用幾顆鹹蛋黃黏住我的嘴，我保證不說你壞話。

虎大歪：秋分日夜平分，之後白天愈來愈短，黑夜愈來愈長。夜長夢就多，心眼壞的人要特別當心，會有個噩夢連連的「多事之秋」哦！

狗小圓：我最怕做噩夢被鬼追，對不起，我保證不跟別人說你睡覺流口水還兼放屁的糗事。

虎大歪：哎，狗嘴眞的吐不出象牙。不說這些了，說些正經的。秋分和春分一樣，太陽直射赤道，白天和夜晚一樣長，還記得春分時要祭日、立蛋、吃春菜、送春牛、放風箏和黏雀子嘴嗎？

狗小圓：當然記得，黏雀子嘴得準備好吃湯圓。

虎大歪：秋分時要祭月、立蛋、吃秋菜、送秋牛、放風箏和黏雀子嘴。

狗小圓：什麼？習俗幾乎一樣？春分跟秋分該不會是雙胞胎吧？

虎大歪：沒錯，小圓說得對，春分跟秋分就是雙胞胎，不只習俗相似，連氣候都差不多。古人說「二八亂穿衣」，農曆二月和八月，天氣不冷不熱又忽冷忽熱，讓人困擾不知道怎麼穿衣服。

狗小圓：這還不簡單，多帶件薄外套就好。我只有一個困擾：秋分祭月的時候有月餅吃，春分祭日的時候有日餅可吃嗎？

虎大歪：你這個貪吃鬼，買太陽餅代替日餅呀！這麼簡單的事也要問我！最早的祭月節在秋分，不過，秋分跟著國曆走，不

一定適逢滿月，而祭月時沒有大圓月亮很煞風景，後來就把祭月節調整到農曆八月十五日，並且訂定爲中秋節。中秋和秋分一樣，都象徵秋天的中點，有好多年秋分前後一兩天就是中秋節，秋色平分加上一輪滿月，詩意滿點。

狗小圓：沒錯，農曆十五肯定有大月亮，吃月餅配月亮，如果再遇到秋分，心情好舒暢。

虎大歪：「秋分天氣白雲來，處處新歌好稻栽」，秋高氣爽桂花開，又是收穫的季節，家家戶戶開懷歌唱慶祝。

狗小圓：花前月下唱歌傳情，眞是詩情畫意。「月亮代表我的心」是我的拿手指定曲，我唱給你聽。

虎大歪：哎呀！我的耳膜很脆弱，不想聽你小狗亂吠，先走一步。

狗小圓：別溜，我要跟你回家做棗泥蛋黃酥啊！

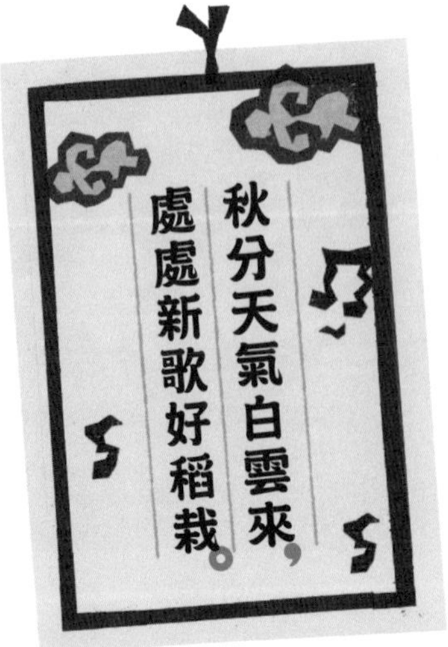

虎大歪說民俗趣事 秋分跟中秋一樣，象徵秋天的中點，通常秋分前後一兩天就是中秋節，吃月餅配農曆十五的大月亮，秋高氣爽，心情舒暢。

十七 寒露

國曆十月七日至九日

寒露九降風　柿餅螃蟹豐

虎大歪：秋天過了一大半，寒露來了，涼爽的東北季風這個時候會來報到，在寒冷冬天來臨前，把握機會，盡情享受這段舒適宜人的好天氣。

狗小圓：聽到「寒露」這兩個字就覺得透心涼。俗話說，「露水先白而後寒」，過了白露，大歪不可以再吹冷氣睡覺，睡覺時要蓋好肚臍，不要流口水弄溼枕頭床單，免得著涼。

虎大歪：謝謝關心！俗話說，「九月起九降，臭頭仔無地藏」，寒露時東北季風慢慢增強，因爲大多在農曆九月吹起，所以又被稱爲九降風。九降風又快又猛，你可要當心，免得帽子被風吹走，癩痢頭無所遁形。

狗小圓：我不是癩痢頭，別戳我的頭。「九月颱，無人知」，你才要小心，別被九月偷偷摸摸溜過來的颱風，吹得滿地滾。

虎大歪：我比你高也比你壯，肯定比你「穩重」，要擔心被颱風吹得滿地滾的應該是你吧。農曆九月九日重陽節，經常是秋高氣爽的好天氣，最適合到山上踏青，先喝杯延年益壽的菊花酒，再吃一盒重陽糕，步步高陞好兆頭。

狗小圓：先說先贏，重陽糕和菊花酒歸你。「西風響，蟹腳癢」，那些充滿蟹膏蟹黃的大閘蟹，還有既補脾胃，又能養肺潤腸的

芝麻核桃糕，就通通歸我享受啦！

虎大歪：「獨在異鄉爲異客，每逢佳節倍思親。遙知兄弟登高處，遍插茱萸少一人。」這是唐代王維寫的〈九月九日憶山東兄弟〉，描述重陽節時登高懷念親人的心情，改幾個字之後，就是我的心聲。

狗小圓：唐代詩人可以寫出你的心聲？你也太誇張了吧！

虎大歪：「獨在餐廳當饕客，每逢秋天倍思蟹。遙知小圓更貪吃，遍吃美食少一人。」我的心聲就是：享用美食的時候，最好缺少狗小圓你一人。

狗小圓：我是美食專家，吃美食一定要有我才會好吃，你亂改古詩，胡說八道！

虎大歪：我只是說出公道話，沒有胡說八道。寒露時節，田野間常見的雀鳥不見了，但是海邊卻出現了

很多蛤蜊，條紋和顏色跟雀鳥相似，所以古人斷定，這些雀鳥在寒露時節，跳入水中化爲蛤蜊，這才是胡說八道的最佳範本。

狗小圓：哎呀！古人實在是太可愛了，面對無法解釋的事，想像力就是超能力，巧妙的聯想更有說服力。

虎大歪：我聯想力超級強，說到秋天，就聯想到秋高氣爽、菊花盛開、柿子紅了。

狗小圓：我喜歡吃柿子，硬柿子、軟柿子和柿餅都好好吃，一想到柿子就流口水。

虎大歪：沒錯，好吃的柿子紅了，讓你那顆癩痢頭現形的九降風，剛好幫農民把柿餅風乾。

狗小圓：你才是臭頭仔無處藏，每次都亂講話誣蔑我，小心吃螃蟹配柿子，中毒送醫院。

虎大歪：哈哈，螃蟹配柿子沒有毒。只是柿子中的單寧酸，容易與

螃蟹的蛋白質凝結，造成腸胃不舒服、消化困難，並非中毒。沒知識也要有常識，沒常識就要多跟虎大歪學習呀！

十八 霜降

國曆十月二十三日至二十四日

霜降芒花開，
吃補迎冬來。

虎大歪：寒露過去霜降來，霜降是秋天最後一個節氣，接下來就是立冬，冬天要來了。

狗小圓：下雨叫做降雨，下雪叫做降雪，霜降爲什麼不叫做「降霜」呢？太奇怪啦！

虎大歪：當氣溫降到零度以下，水汽就會在地面凝結成白色結晶體，也就是霜。雨和雪都是從天降下，而「露」和「霜」則是

由地面水汽凝結而成，所以才不說降霜。臺灣平地氣溫高，見不到霜降美景，倒是芒花盛開，白茫茫隨風搖曳，非常迷人。

狗小圓：原來如此，霜降到，就可以和熱到會咬人的秋老虎，以及可怕的秋颱說再見，眞是太棒了。霜降那天，我要吃霜降牛排來慶祝。

虎大歪：霜降牛排是因爲油花分布均勻，好像一層薄薄的冰霜，和霜降節氣沒有關係。你就只會吃，把八竿子打不著的東西硬是湊在一起。

狗小圓：我可沒瞎說，不少地方都有霜降吃牛肉的習俗，廣西玉林的居民在霜降時，三餐都會吃牛肉來進補，閩南有句俗話，「一年補透透，不如補霜降」。

虎大歪：你這麼說我才想到，確實有「補冬不如補霜降」這樣的說法，強調秋補比冬補還重要，在天氣將冷而未冷時，先把身體補強，才能夠對抗接下來的寒冬。

狗小圓：你看吧，不是我瞎說，這是未雨綢繆，不是貪吃。

虎大歪：霜降進補，並不限於牛肉，蘋果、柿子、栗子、白果、蘿蔔和茭白筍，這些都是霜降時正當季、平價養生的好食物。山東俗話說，「霜降到了拔蘿蔔」，秋後蘿蔔賽人參，蘿蔔營養、便宜又好吃。

狗小圓：沒錯，「冬吃蘿蔔夏吃薑，不勞醫生開藥方」。秋冬時，我們家幾乎餐餐有蘿蔔：蘿蔔糕、蘿蔔排骨湯、蘿蔔絲餅、醃蘿蔔、蘿蔔燉牛肉……蘿蔔雖然補，吃起來卻有點苦，寶寶嘴苦心也苦。

虎大歪：你真是不識貨，蘿蔔健康又美味，強身又開胃。想吃甜還不簡單，買些柿子和蘋果帶回家，包準媽媽心花朵朵開。

狗小圓：一定要買柿子和蘋果嗎？我比較喜歡吃甜蜜又綿密的栗子。

虎大歪：柿子和蘋果，象徵「事事平安」。柿子含有豐富的維生

素C，能加強人體的免疫力，「霜降吃柿子，冬天不感冒」。零用錢夠的話，就再買些栗子，和柿子擺一起，象徵「利市」，讓你爸放在店裡。

狗小圓：好主意，不過食物放太久會壞，還是吃進肚子比較實在。

虎大歪：等會兒我跟你一起去市場，買些白果和木瓜送給你。

狗小圓：謝謝你，你突然對我這麼好，讓我有點惶恐。不知道白果和木瓜象徵什麼呢？

虎大歪：一點小心意，別客氣，只是想提醒你，餐餐好菜你不知足，眞是大「白目」，應該打屁股。

狗小圓：哼！如果大歪不嫌棄，和我回家去，三餐吃蘿蔔，天天放臭屁。

冬天

立冬｜立冬補冬，補嘴空

小雪｜小雪醃菜曬魚乾

大雪｜大雪醃肉賞杭菊

冬至｜冬至湯圓雞母狗

小寒｜小寒逢臘八，吃粥賞梅花

大寒｜寒假草莓紅，大寒年味濃

十九 立冬

國曆十一月七日至八日

立冬補冬，補嘴空。

虎大歪：秋天過去冬天就來了，十一月初立冬。「立」，表示冬季自此開始；「冬」則是終止，萬物收藏。立冬時，秋季作物全部收藏入庫，動物也躲起來準備冬眠。

狗小圓：盼呀盼，總算盼到立冬，這是我第二喜歡的節氣。

虎大歪：第二？你最喜歡的是哪個節氣？

狗小圓：你眞是貴人多忘事，我最喜歡「清明」，它是唯一被訂爲國定假日的節氣，第二喜歡立冬，立冬要補冬，「補冬補嘴空」，又可以光明正大的吃大餐了。

虎大歪：補冬是爲了強身與抗寒，偏偏這兩個要件你都不具備。

狗小圓：大歪好狠心，我得頂著寒風出門上學，當然要吃補強身兼抗寒。

虎大歪：小圓別擔心，寒風肯定吹不透你肚子上那兩圈肥肉。更何況「十月小陽春，無風暖融融」，即使已經農曆十月，我們這兒天氣還是很暖和，一點也不冷。

狗小圓：誰說天氣冷才要進補？我家附近賣羊肉爐的餐廳，夏天休息，九月中就開始營業，每年立冬都高朋滿座。燒酒雞、麻油雞、薑母鴨和羊肉爐的香味，讓我無法抗拒。

虎大歪：你把眼睛從食物移開，抬頭看看天空。立冬後，有

許多鳥類會從遙遠的北方飛來過冬，這些「冬候鳥」會在臺灣待好幾個月，健走賞鳥也可以強身抗寒。

狗小圓：你知道「立冬收成期，雞鳥卡會啼」是什麼意思嗎？

虎大歪：當然。立冬正是穀物收成期，放養的雞或野生鳥類，因爲食物多到吃不完，開心啼叫。

狗小圓：連鳥類都知道民以食爲天，吃飽肚子過冬天的道理，比你還聰明。

虎大歪：好心提醒你怕你補過頭，身體燥熱難受。立冬前後柑橘豐收，進補後吃顆橘子解油膩。橘子好處多，養顏消疲勞，橘皮內側的白色薄皮和橘絡有益健康，可別扔掉。

狗小圓：眞的嗎？我喜歡吃橘子，一餐吃一顆。沒想到那些白色鬚鬚好處多，丟掉確實可惜，我會全部留給你。

虎大歪：不必了，我不想吃你口水。「立冬蘿蔔賽人參」，霜降後的蘿蔔特別甘甜，不可錯過。

狗小圓：霜降吃蘿蔔，立冬又要吃？我投降，蘿蔔你吃，我吃餃子，「立冬不端餃子碗，凍掉耳朵沒人管」，餃子外形像耳朵，吃了它，冬天耳朵就不會受凍。

虎大歪：那是古人留下來以形補形的方法，要抗寒還是得做好下面幾個小步驟才有效。第一，用冷水洗臉，提神醒腦，促進血液循環，增強抵抗力。

狗小圓：冷水洗臉的確很提神。

虎大歪：第二，用溫水刷牙和漱口。

狗小圓：沒錯，冬天用冷水漱口，牙齒會發抖，想要逃走。

虎大歪：第三，睡前用熱水泡腳和按摩。腳是人體的第二個心臟，要好好保護。

狗小圓：第四要確實做好腰部保暖，不受寒風侵擾。第五要食黑，吃黑色的食物可以補腎。

虎大歪：哎呀！小圓長智慧了，好有學問。說說看黑色食物是什麼？

狗小圓：我才偷偷拿來念兩句，你就把小抄搶過去藏起來，我哪會知道？

虎大歪：黑色食物有黑米、黑豆、黑芝麻、黑棗和黑木耳等等。

狗小圓：你少講一樣。

虎大歪：哪一樣？

狗小圓：大歪的黑心肝哪，吃了強身又保肝。

虎大歪：我只聽說過一黑二黃三花四白，你才要躲好，免得變成補品。

二十 小雪

國曆十一月二十一日至二十三日

小雪醃菜晒魚乾。

虎大歪：小雪在十一月底，這是冬季第二個節氣，當初節氣是參考黃河流域的氣候特徵制定，所以臺灣在「小雪」時節並不會下雪。

狗小圓：好可惜，我喜歡下雪，下雪太好玩了。

虎大歪：小雪以後不大會有彩虹，也不大會打雷，你可以放心睡午覺了。

狗小圓：那可不一定，有句小雪的俗話，「月內若彈（響）雷，豬牛養不肥」，可見還是會打雷。冬天打雷是壞兆頭，農作物長不好，六畜也容易生病，養不肥。

虎大歪：小圓好有學問，考考你，六畜是指哪六種動物？

狗小圓：哈，你考不倒我。三字經有教，六畜就是馬牛羊雞狗豬。

虎大歪：再考考你，冬天要遠「三白」、近「三黑」，三白和三黑指什麼食物？

狗小圓：我是美食達人，你考不倒我。三白是指白飯、白菜和白蘿蔔，這些我都不愛；三黑是我喜歡的黑糖、巧克力和黑輪。

虎大歪：哈，全都說錯。要少吃的「三白」是指糖、鹽和脂肪；要多吃的「三黑」是黑木耳、香菇和黑米，美食達人換我當。

狗小圓：那我考考你，「十月豆，肥到不見頭」是指什

麼食物？

虎大歪：這還不簡單，就是說農曆十月的豆子長得肥胖飽滿。

狗小圓：錯錯錯。「十月豆」是指農曆十月時，在嘉義布袋一帶可以捕捉到的肥美「豆仔魚」。不只豆仔魚，烏魚群也在小雪前後來報到，漁村處處可見晒魚乾、晒烏魚子的風景。

虎大歪：哼，誰像你那麼好命，外公是漁夫，豆仔魚和烏魚子吃到飽。

狗小圓：奇怪，怎麼有一股濃濃的醋味？你吃醋啦？烏魚子有「黑金」之稱，捕捉烏魚是「三年不開張，開張吃三年」。不過，這樣的好運不是年年有。

虎大歪：除了晒魚乾，還有「小雪醃菜」的習俗，住在寒帶的人們，下雪了就沒有蔬菜吃，要提早準備過冬菜，醃大白菜和醃蘿蔔最常見。

狗小圓：我喜歡吃泡菜，冷冷的冬天吃泡菜火鍋，寒意全消退。

虎大歪：醃泡菜是我大姑的拿手絕活，這個冬天我招待你泡菜火鍋吃到飽，等到烏魚豐收，可以帶我一起去看你外公晒魚乾、吃烏魚子嗎？

狗小圓：沒問題。冬天的天氣陰冷灰暗，老是躲在家裡，心情容易憂鬱，趁天氣好出門走走，晒晒太陽，溫暖又健康。

虎大歪：沒錯，古人就有這樣的智慧了，冬天在太陽下取暖稱爲「負暄」，很文雅吧！

狗小圓：士林官邸每年十一月都會辦菊展，找個天晴好日子，咱倆一起去負暄賞菊花。

虎大歪：當然好。清代有位醫學家說，看花可以解悶，聽曲可以消愁，比吃藥還有效。

狗小圓：我倒覺得「吃」更能解悶與消愁。香蕉和菠菜可以抗憂鬱；熱湯可以抵抗寒冬，預防感冒，雞湯、魚湯都是好選擇。

虎大歪：說得眞有道理，美食達人的封號還是讓給你。賞過菊花，一起去夜市喝十全大補湯。

狗小圓：太棒了，小雪眞好，我愛小雪。

二十一 大雪

國曆十二月六日至八日

大雪醃肉賞杭菊

狗小圓：我有驚人發現，不是節氣出差錯，就是天氣亂了套，十二月初我們這裡根本不會下雪，節氣怎麼可能定爲大雪呢？

虎大歪：早跟你說過，節氣是根據黃河流域的氣候特徵制定，臺灣地理位置偏南，平地不會下雪，但是第一波大陸冷氣團，差不多都在大雪時節來報到。

狗小圓：聽說冷氣團還有分等級呀？

虎大歪：冷氣團的學問可大了。低溫在十二度到十四度之間稱作「大陸冷氣團」；十度到十二度就變成「強烈」大陸冷氣團；十度以下是「寒流」等級，出門時毛帽、圍巾和大外套，一樣都不能少。

狗小圓：如果淡水低溫十一度，但是臺北低溫十三度，該怎麼決定呢？

虎大歪：寒流、冷氣團的定義以臺北的「日最低溫」爲準，臺北低溫十三度，預報就會說是大陸冷氣團來襲。

狗小圓：大歪眞是氣象達人。我喜歡下雪，可以堆雪人、打雪仗、躺在雪地當雪天使，什麼時候輪到我們這兒下雪呀？

虎大歪：氣溫低於零度，再加上溼度夠高才會下雪。你要慶幸我們這兒天氣不冷也不下雪，冬天才有新

鮮蔬果吃。寒帶的人看到下雪就心煩，巴不得飛到熱帶小島渡假晒太陽。等你體驗過出門要鏟雪、走路會滑倒、凍到耳朵快要掉下來，就不會那麼期待下雪了。

狗小圓：如果下大雪造成這麼多困擾，爲什麼古人會說「瑞雪兆豐年」呢？天寒地凍的，植物凍傷，動物凍歪，應該是「瑞雪餓肚皮」才對。

虎大歪：積雪就像一層厚棉被，覆蓋大地，讓地面及作物的溫度不會降得太低。等到春天積雪融化，含有氮化物的雪水，可以給土地澆水、施肥。「今年麥蓋三層被，來年枕著饅頭睡」就是描述這樣的景象。

狗小圓：雨水、穀雨、小雪和大雪，這四個節氣都和降水有關。就算大雪不下雪，也應該下點雨吧？

虎大歪：沒錯，「大雪晴天，立春雪多」、「大雪不寒明年旱」，

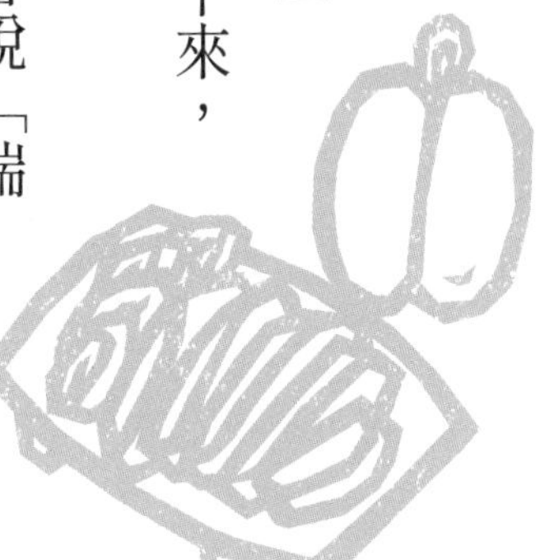

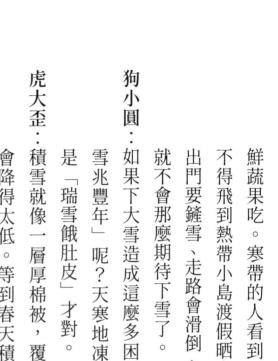

很多地方的俗話都告訴我們，大雪最好又冷又下雨。

狗小圓：又冷又下雨，進補好時機。大雪吃羊肉，驅寒又滋補，搭配山藥和枸杞煮湯，更是一級棒。聽說「冬天羊肉勁補，可以上山打虎」。

虎大歪：吃補就吃補，打什麼老虎？你是不是補過頭，皮在癢啊？

狗小圓：大歪別生氣，你喜歡的烏魚「小雪小到，大雪大到」。大雪時節天氣變冷，西部沿海的烏魚群愈來愈多，我帶你去找我外公，烏魚子吃到飽。

虎大歪：太棒了，我帶泡菜、香腸和醃肉當伴手禮。我大姑遵守「小雪醃菜，大雪醃肉」的傳統，小雪醃泡菜，大雪醃臘肉、灌香腸，街坊鄰居都說讚。

狗小圓：外公愛吃的花生和橘子，現在都在盛產中。我左手提花生，

右手拿橘子，祝福外公好事發生，大吉大利，禮輕情意重，他肯定會樂歪。

虎大歪：自己誇自己，小圓好肉麻。大雪時候，臺東太麻里的杭菊正盛開，我們先去看你外公、吃烏魚，接著去賞菊、喝花茶，是不是很棒？

狗小圓：有得吃又有得玩，當然好棒棒。

二十二 冬至

國曆十二月二十一日至二十三日

冬至湯圓雞母狗。

狗小圓：今天是「冬至」，好奇怪，已經立冬一個多月，怎麼會到冬至才說冬天到了呢？

虎大歪：冬至的「至」不是「到」，而是「極、最」的意思。冬至太陽直射南回歸線，是一年之中白天最短、影子最長的一天，之後太陽漸漸北移，白天也會一天比一天長。

狗小圓：長話短說就是「冬至到，晝最短；冬至過，晝漸長」。

虎大歪：吃了冬至湯圓就多一歲，你是不是還沒冬至就偷吃湯圓，有了金丸和銀丸的加持，變聰明了呢？

狗小圓：金丸和銀丸是什麼仙丹？好吃嗎？我昨天晚上吃兩碗花生湯圓，會不會多兩歲？

虎大歪：古人說，「不吃金丸、銀丸，不長一歲。」金丸是紅湯圓，銀丸是白湯圓，這種沒包餡料的小湯圓，俗稱圓仔；包了餡料的大湯圓，稱作圓仔母。冬至這天，不管你吃多少湯圓都是多一歲，體重才有可能會多兩公斤。

狗小圓：冬至距離春節還很久，為什麼會說，吃了冬至湯圓就多一歲呢？

虎大歪：周代以冬至為「歲首」，也就是一年的開始，自古就有「冬至大如年」的說法。冬至除了祭神、祭祖，還要吃水餃、餛飩或湯圓來慶祝，家人團聚在一起吃吃喝喝，共度一年當中最長的一夜，和除夕一樣熱鬧。

狗小圓：原來如此。去年冬至，嫁到澎湖的姑姑教我做雞母狗，你知道什麼是「雞母狗」嗎？

虎大歪：我學問淵博，當然知道「雞母狗」是澎湖獨特的冬至習俗，早年澎湖生活困苦，只好用米磨成漿，再揉製成糰，像捏麵人一樣捏出牛、羊、豬、雞、鴨、魚，代替三牲當作祭品。

狗小圓：答對有獎。我捏一隻特大號的母老虎送給你。

虎大歪：你做一隻狗小圓造型的雞母狗給我，我就畫一張「九九消寒圖」送你，怎麼樣？

狗小圓：九九消寒圖是什麼東西？

虎大歪：九九消寒圖有兩種，一種是梅花或圓形圖案；一種是「庭前垂柳珍重待春風」這樣的文字。不論是圖案或是文字，都有九九八十一個花瓣或是筆畫，從冬至開始，每天塗畫一個花瓣或是寫上一筆，可以消寒也可以解悶。九個九日，歷經小寒、大寒、立春、雨水和驚蟄這幾個節氣，八十一天全部畫完後，就是春暖花開時。

狗小圓：這個好玩，我要梅花版九九消寒圖，每個花瓣塗上不同顏色，一天上色一個花瓣，等到八十一個花瓣全都上好顏色，就可以高唱春神來了。

虎大歪：古人說「冬至不過不冷」，天文學也把「冬至」視爲北半球冬季的開始，第一波寒流通常在冬至期間來報到，臺北低溫會低於十度。你參加跨年夜倒數晚會，要注意保暖，免得凍成小狗冰棒。

狗小圓：謝謝關心。我已經做好萬全準備，早上先來一碗羊肉湯配雞母狗，中午吃客家鹹湯圓配餃子和餛飩，晚飯後再吃兩碗金丸和銀丸。吃飽喝足身體暖，出門不怕寒風吹。

虎大歪：這麼能吃？我要送你的九九消寒圖，應該畫九隻狗小圓，每隻都長了九張嘴。

狗小圓：九張嘴？那我不變成怪獸啦？

虎大歪：沒錯，你就是傳說中的貪吃怪——饕餮。哎呀！饕餮咬人囉，三十六計，走爲上策。

虎大歪說民俗趣事

冬至要祭神、祭祖。不過，澎湖地區早年因為生活困苦，所以用米磨成漿，再揉製成糰，像捏麵人一樣捏出牛、羊、豬、雞、鴨、魚，代替三牲當作祭品。

二十三 小寒

國曆一月五日至七日

小寒逢臘八，吃粥賞梅花。

虎大歪：節氣來到小寒，即將進入一年中最寒冷的日子。俗話說，「大寒小寒，趕狗不出門」，接下來，你是不是要躲在家裡冬眠呀？

狗小圓：我又不是熊，分解脂肪就能過冬。我雖然不瘦，可是一餐不吃就難受。俗話也說，「冬天動一動，少鬧一場病；冬天懶一懶，多喝藥一碗」，而且我有抗寒祕方，再冷也不虎大歪：你有抗寒祕方竟然不跟我說，眞不夠意思。怕。

狗小圓：「逢九一隻雞，來年好身體。」冬至過後，每隔九天吃一隻雞，小火慢熬煮成雞湯喝，就是我的抗寒祕方，補氣補血又補鈣。

虎大歪：小寒時節，剛好是農曆十二月，古稱「臘月」，十二月初八是臘八節，你喝雞湯驅寒，我吃臘八粥取暖。當季盛產的金針、茼蒿、冬筍、包心菜……拿來下火鍋，好吃又健康。

狗小圓：「小寒大寒，冷成冰團」，這時候最適合吃麻辣火鍋、羊肉爐或是薑母鴨，吃完馬上暖呼呼。

虎大歪：「小寒大冷人馬安」，小寒時天氣要夠寒冷，人畜才不會有災疫，不過有心血管疾病

的人要注意保暖。

狗小圓：「熱在三伏，冷在三九。」冬天容易傷風感冒，要多鍛鍊身體，才能增強抵抗力，常到戶外走走、晒太陽，心情才會舒爽。

虎大歪：沒錯，這時候最適合出門賞花了。一個節氣十五天，每五天是一候，也就是說一個節氣有三候，「候」就是那個節氣的氣候和特殊現象。從小寒到穀雨，這八個節氣除了原有的節氣三候之外，還有對應的花卉綻放，稱作二十四番花信風。

狗小圓：這八個節氣橫跨冬、春兩個季節，應該是百花綻放，怎麼會只有二十四種花呢？

虎大歪：花「信」風，就是從每一候開花的植物中，挑選出花期最準確的，會出現在花信風裡的花，就是比較準時守信用的花。小寒的花信風：一候梅花、二候山茶、三候水仙。今

年你可以留意一下這些花有沒有準時開花。

狗小圓：梅花愈冷愈開花，堅貞又剛毅，是我們的國花。小寒是一年當中最寒冷的一段時間，美麗的花兒卻選在這時候綻放，我總算了解「冬天來了，春天就不遠了」這句話的意思。

虎大歪：小寒一候雁北鄉，二候鵲始巢。說的就是候鳥中的大雁，在小寒期間開始飛回北方，喜鵲也開始築巢準備養育後代，這些動物知道春天不遠了，未雨綢繆做準備。

狗小圓：那我也該來準備準備了。

虎大歪：天氣冷得要命，你要準備電暖器，還是紅泥小火爐？

狗小圓：電暖器早就運作好長一段時間啦！小寒到，春節也不遠了，我要安排行程，跟媽媽一起去採買過年的糖果餅乾、牛肉乾、牛軋糖、魷魚絲，還有新衣和新鞋。哎呀！不跟你囉嗦了，免得好吃的糖果餅乾被搶光光。

虎大歪：小寒之後還有大寒，離過年還有一個月，別著急。

狗小圓：先買先吃，吃完再買，這樣才可以買兩輪、吃兩攤呀！

虎大歪：我得提醒你爸媽，食物櫃要上鎖，外面再貼對聯。上聯：
食物櫃上鎖，下聯：防小犬偷吃，橫批：小圓變肥圓。

狗小圓：我也寫副春聯送你，上聯：櫃子上鎖太小氣，下聯：作弄
小圓不應該，橫批：大歪壞心腸。

二十四 大寒

國曆一月十九日至二十一日

寒假草莓紅，大寒年味濃。

虎大歪：每年學生放寒假，大寒就跟著來到，俗話說，「大寒不寒，人馬不安」、「大寒不寒，春分不暖」，大寒時天氣就該冷到透，把害蟲凍死，來年才會五穀豐收人馬安。

狗小圓：沒錯，如果大寒不冷，時序就會亂了套，一路冷到春分。

虎大歪：光陰似箭、歲月如梭，轉眼二十四個節氣匆匆過，大寒過後，節氣又要從立春開始，重新循環。

狗小圓：去年立春時，我還質疑天氣明明就還很冷，怎麼會是春天，現在我理解了。冬去春來的「春」，指的是春天的頭，和冬天的尾巴緊緊相連，氣候比較像冬天，溫暖的春天還得再等等。就像胖子不會一夕變瘦，天氣回暖也需要時間。

虎大歪：的確，改變需要時間。就像你，經過我一年的調教後，終於從笨蛋變成聰明蛋了。

狗小圓：「近朱者赤，近墨者黑」，近大歪者應該會變歪才對。為什麼我沒有變笨變歪，反倒變聰明呢？因為我懂得順應節氣吃當季美食，愈吃愈聰明。

虎大歪：貪吃鬼，歪理特別多，你倒是說說大寒要吃什麼？

狗小圓：讓我分三個步驟來探討。首先，除非有特殊狀況，農曆十二月十六，也就是傳統的尾牙，大概都落在大寒節氣裡，這一天老闆要

設宴招待員工，感謝他們一年來的辛勞。

虎大歪：一般家庭在農曆初一、十五祭拜土地公，商家則是在初二、十六，俗稱「作牙」，土地公是商人崇拜的「財神」。一月不「作牙」，「頭牙」在二月初，「尾牙」在十二月中。不過，尾牙是老闆要招待員工，和你有什麼關係？

狗小圓：當然有關係，我們家每年尾牙都會吃刈包。刈包俗稱「虎咬豬」，包了餡料的刈包就像老虎張嘴咬著豬肉。「虎咬豬」念起來跟「福咬住」相近，裡面夾的酸菜被客家人視爲福菜，有「留住福氣」的意思。

虎大歪：我倒覺得包了滷肉、酸菜、花生粉和香菜的刈包，像一個裝滿錢的錢包。尾牙吃刈包，錢財滿錢包，福氣通通包。第二步驟是什麼呢？

狗小圓：寒假到了，我可以天天睡飽飽，週週去度假。這個週末爸媽要帶我去採草莓，現在的草莓果實大又好吃，一想

到草莓香甜的好滋味，口水就流不停。

虎大歪：從刈包接到草莓，鹹甜好搭配，真是服了你，最後一個步驟是什麼？

狗小圓：當然是去年貨大街買辦年貨呀！

虎大歪：記得多買些糖果和糕餅招待灶神，灶神被派駐廚房，監察百姓的行爲。農曆十二月二十四日灶神會上天庭，稟告這一年在人間觀察到的是非善惡。你調皮又貪吃，多準備一些甜食巴結灶神，明年才可以繼續吃美食。

狗小圓：你別五十步笑百步了，咱們一起去逛年貨大街，買巨無霸棒棒糖巴結灶神吧？

虎大歪：你瞧，我的採買清單都寫好了：花生瓜子開心果，香腸肉乾魷魚絲。

狗小圓：哇，還寫成對聯，我來補個橫批：吃飽喝足福氣滿。

虎大歪：二十四節氣到了尾聲，改變終於發生，狗嘴裡總算吐出象牙來，祝福大家平安順利，寒假快樂。

狗小圓：我要好好練習說吉祥話，除夕來跟你拜年拿紅包。

虎大歪說民俗趣事 農曆十二月二十四日，天帝派駐在各家廚房的灶神會上天庭，稟告這一年在人間觀察到的是非善惡。多準備甜食巴結灶神，灶神才會把「好話傳上天，壞話丟一邊。」

文化小補充

認識二十四節氣
認識七十二候
品讀節氣詩詞
奇特的一年：二〇二〇年，閏月又閏年
天干地支紀歲趣談
二十四節氣與十二星座

認識二十四節氣

二十四節氣由來

二〇一六年，聯合國教科文組織將「二十四節氣」列入「人類非物質文化遺產代表作名錄」。古人觀察天地的變化，訂定二十四節氣，反映黃河流域的氣候變化與農作物的關係。

二十四節氣是根據太陽在黃道（即地球繞太陽公轉的軌道）上的位置來畫分。太陽從春分點（黃經零度）出發，每前進十五度為一個節氣，運行一周又回到春分點，稱為一個回歸年，合計三百六十度，因此分為二十四個節氣。

二十四節氣的名稱，則是古人觀察各種自然現象，和動植物活動等狀況後確立的。

爲什麼節氣日期不固定

一個回歸年的長度大約是三百六十五點二四二二天，因此每個節氣在陽曆年中的時間段，平均約為十五點二五天，起始日期大致上是固定的。但太陽的周年視運動（地球公轉運動的一種反應）並不均勻，而且歷年的長度也不同，平年三百六十五天，閏年三百六十六天，因此節氣的時間就有微小的變化。

同一個節氣，每年都比前一年延後六小時左右。閏年時，一年有三百六十六天，節氣時間就會提早。同一個節氣，在平年(一年三百六十五天)與前一年保持不變或延後一天；在閏年則與前一年保持不變或提前一天。

這樣一來，同一個節氣的起始點，就有三個不同的陽曆日期。以立春為例，就有二月三日、四日和五日這三種情況。

二十四節氣的分類與特色

根據各家書籍的說明，大致可以歸納出以下四大類：

一、四季變化：立春、春分、立夏、夏至、立秋、秋分、立冬、冬至等四時八節。

二、溫度變化：小暑、大暑、處暑、小寒、大寒。

三、降水狀況：雨水、白露、寒露、霜降、小雪、大雪。

四、氣候變化和農作：驚蟄、清明、穀雨、小滿、芒種。

為了方便記憶，古人把二十四節氣編成〈二十四節氣歌〉：

地球繞著太陽轉，轉完一圈是一年；
一年分成十二月，二十四節緊相連。
春雨驚春清穀天，夏滿芒夏暑相連；
秋處露秋寒霜降，冬雪雪冬小大寒。
每月兩節日期定，最多不差一二天；
上半年是六廿一，下半年來八廿三。

另外還有〈二十四節令歌〉，短短二十四句，具體而微呈現二十四節氣的特色：

立春梅花分外艷，雨水紅杏花開鮮；
驚蟄蘆林聞雷報，春分蝴蝶舞花間。
清明風箏放斷線，穀雨嫩茶翡翠連；
立夏桑果像櫻桃，小滿養蠶又種田。
芒種玉秧放庭前，夏至稻花如白練；
小暑風催早豆熟，大暑池畔賞紅蓮。
立秋知了催人眠，處暑葵花笑開顏；
白露燕歸又來雁，秋分丹桂香滿園。
寒露菜苗田間綠，霜降蘆花飄滿天；
立冬報喜獻三瑞，小雪鵝毛片片飛。
大雪寒梅迎風狂，冬至瑞雪兆豐年；
小寒遊子思鄉歸，大寒歲底慶團圓。

認識七十二候

一年有二十四個節氣，每個節氣約十五天。古人將「五天」稱為「一候」，「三候」共十五天，合為一個節氣，所以有「氣候」一詞。二十四節氣共七十二候。古人將每個節氣的「三候」，根據當時的氣候特徵和一些特殊現象分別命名，簡明的表現出當時的物候特點，並將其中的智慧傳承下來。

立春

開始進入春天，萬物復甦。

國曆二月三日至五日

一候東風解凍　東風送暖，大地開始解凍。

二候蟄蟲始振　蟄居的昆蟲開始活動。

三候魚陟負冰　「陟」是升的意思，魚到水面游動，還沒完全溶解的碎冰片，好像被魚背負著浮在水面。

雨水

天氣漸暖，冰雪溶化，空氣溼潤，春雨綿綿。

國曆二月十八日至二十日

一候獺祭魚 水獺開始捕魚，將捕到的魚擺在岸邊，好像人類先祭拜再食用的模樣。

二候鴻雁來 天氣回暖，大雁開始從南方飛回北方。

三候草木萌動 天地萬物出現生機，草木開始抽出嫩芽。

驚蟄

天氣轉暖，大部分地區都已進入了春耕。春雷震響，驚醒了蟄伏在泥土中冬眠的各種昆蟲，慢慢開始活動。

國曆三月五日至七日

一候桃始華 春天的感覺愈來愈濃，桃樹開花了。

二候倉庚（黃鸝）鳴 黃鸝鳥開始鳴叫。

三候鷹化為鳩　老鷹飛返北方繁育後代，原本蟄伏的斑鳩或布穀鳥開始鳴叫求偶，古人沒看到鷹，周圍的鳩卻變多，誤以為是老鷹變成斑鳩。

春分

春季過了一半，陽光直射赤道，南北半球晝夜平分，白天和黑夜等長。

國曆三月二十日至二十二日

一候玄鳥至　玄鳥就是燕子，春分日後，燕子便從南方飛來。

二候雷乃發聲　開始有雷聲。

三候始電　天空發出閃電。

清明

天氣晴朗溫暖，草木始發新枝芽，萬物開始生長，農民忙於春耕春種。

國曆四月四日至六日

一候桐始華　桐樹開花了。

二候田鼠化為鴽　鴽是鵪鶉之類的小鳥。田鼠躲回洞穴避暑，鵪鶉取而代之出來活動。

三候虹始見　清明時節多雨，經常可見彩虹。

穀雨

天氣較暖，雨水滋潤大地，是播種的好季節。

國曆四月十九日至二十一日

一候萍始生　降雨量增多，浮萍開始大量生長。

二候鳴鳩拂其羽　鳴鳩是指布穀鳥，提醒人們播種。

三候為戴任降於桑　戴任又名戴勝，是頭頂有冠毛的黃白斑紋小鳥，常棲息於農家常種植的桑樹上。

立夏

夏天開始，雨水增多，農作物生長漸旺，田間工作日益繁忙。

國曆五月五日至七日

一候螻蟈鳴　可聽到螻蛄（一說是青蛙）在田間的鳴叫聲。

二候蚯蚓出　大地上可看到蚯蚓掘土。

三候王瓜生　王瓜是華北特產的藥用爬藤植物，立夏時節快速攀爬生長，六、七月會結紅色果實。

小滿

夏收作物已經結果、籽粒飽滿，但尚未成熟，所以叫小滿。

國曆五月二十日至二十二日

一候苦菜秀　苦菜是可食用的野菜，枝葉繁茂。

二候靡草死　喜歡陰溼，枝條細軟的草類在強烈陽光下枯萎。

三候麥秋至　秋收的麥子開始成熟。

芒種

芒種表明小麥等有芒作物成熟，宜開始秋播。長江中下游地區將進入黃梅季節，連綿陰雨。

國曆六月五日至七日

一候螳螂生　螳螂在去年深秋產的卵，破殼生出小螳螂。

二候鵙始鳴　伯勞鳥開始在枝頭鳴叫。

三候反舌無聲　能夠學習其他鳥鳴叫的反舌鳥，卻停止鳴叫。

夏至

陽光直射北回歸線，白天最長。從這一天起，進入炎熱季節，萬物生長最旺盛。

國曆六月二十日至二十二日

一候鹿角解　鹿角開始自然脫落。

二候蟬始鳴　夏蟬又叫「知了」，雄蟬都會鼓翼鳴唱。

三候半夏生　半夏是野生藥草，因為在夏日之半生長於沼澤地或水田中而得名。

小暑

正值初伏前後，天氣很熱但尚未酷熱，忙於夏秋作物的工作。

國曆七月六日至八日

一候溫風至　南風吹起，帶著熱氣。

二候蟋蟀居宇　蟋蟀從田野移入庭院，在牆角下躲避暑熱。

三候鷹始鷙　老鷹帶領幼鷹，學習飛行搏殺獵食的技術。

大暑

正值中伏前後，一年最炎熱時期，喜溫作物迅速生長，雨水甚多。

國曆七月二十二日至二十四日

一候腐草為螢　陸生的螢火蟲產卵於枯草上，大暑時，螢火蟲卵化而出，古人認為螢火蟲是腐草變成的。

二候土潤溽暑　天氣悶熱，土地很潮溼。

三候大雨時行　常有大雷雨，暑氣逐漸消退，天氣開始過渡到秋天。

立秋

秋天開始，氣溫逐漸下降；中部地區早稻收割，晚稻開始移栽。

國曆八月七日至九日

一候涼風至 立秋過後，風已不同於暑天中的熱風，略有涼意。

二候白露降 早晚溫差漸大，夜間溼氣接近地面，在清晨形成白霧，有秋天的寒意。

三候寒蟬鳴 體型較小的秋蟬開始鳴叫。

處暑

氣候變涼的象徵，表示暑天終止，夏季火熱已經到了盡頭。

國曆八月二十二日至二十四日

一候鷹乃祭鳥 老鷹獵捕後先把獵物陳列出來再食用，像是祭拜犧牲的獵物。

二候天地始肅 萬物開始凋零，逐漸有肅殺之氣。

三候禾乃登　黍、稷、稻、粱等農作物成熟，可以收成。

白露

天氣轉涼，地面水氣結露。

國曆九月七日至九日

一候鴻雁來　大雁鳥由北方飛來。

二候玄鳥歸　燕子由北方回到南方。

三候群鳥養饈　百鳥開始貯存乾果糧食以備過冬。

秋分

陽光直射赤道，晝夜幾乎相等。

國曆九月二十二日至二十四日

一候雷始收聲　從秋分起，雷開始不再發聲。

二候蟄蟲坯戶　昆蟲都已經穴藏起來，還用細土封實孔洞，避免寒氣侵入。

三候水始涸　水氣開始乾涸，河川流量變小，天氣變得乾燥。

文化小補充

寒露

氣溫較白露時更低，露水更多。

國曆十月七日至九日

一候鴻雁來賓　鴻雁排成一字或人字形的隊列大舉南遷。

二候雀入大水爲蛤　深秋天寒，雀鳥都不見了，古人看到海邊突然出現很多蛤蜊，條紋及顏色與雀鳥很相似，便以爲是雀鳥變成的。

三候菊有黃華　在寒露節，開始有黃色的菊花開放。

霜降

天氣已冷，開始有霜凍，所以叫霜降。南方仍可秋收秋種。

國曆十月二十三日至二十四日

一候豺乃祭獸　豺狼將捕獲的獵物先陳列後再食用，像是祭拜犧牲的獵物。

二候草木黃落　草木枯黃，落葉滿地。

三候蟄蟲咸俯　寒氣肅凜，昆蟲都低頭而不吃東西，準備冬眠的動物躲在洞穴中過冬。

立冬

冬季開始，一年的田間操作結束，作物收割之後要收藏起來。
國曆十一月七日至八日

一候水始冰　寒帶地區的水域開始結冰。

二候地始凍　土地也開始凍結。

三候雉入大水為蜃　雉就是指野雞一類的大鳥，蜃為大蛤。立冬後，野雞一類的大鳥便不多見，而海邊卻可以看到外殼與野雞的線條及顏色相似的大蛤，古人認為雉到立冬後就變成大蛤。

小雪

氣溫下降，黃河流域開始降雪；北方已進入封凍季節。

國曆十一月二十一日至二十三日

一候虹藏不見 彩虹出現是因爲天地間陰陽之氣交泰，此時陰氣旺盛、陽氣隱伏，空中不再見到彩虹。

二候天氣上升地氣下降 天空中的陽氣上升，地中的陰氣下降，導致天地不通，陰陽不交，萬物失去生機。

三候閉塞而成冬 天地閉塞而轉入嚴寒的冬天，一切顯得毫無生機。

大雪

黃河流域一帶漸有積雪；而北方已是萬里冰封。

國曆十二月六日至八日

一候鶡鴠不鳴 鶡鴠是冬季仍會鳴叫的鳥，在大雪時節也感受到天寒地凍、天地冷肅的氣氛

而停止鳴叫。

二候虎始交　老虎開始有求偶行爲。

三候荔挺出　「荔挺」是蘭草的一種，在仲冬之月，萬物都被冰雪覆蓋的時候，獨獨生長露出地表。

冬至

陽光幾乎直射南回歸線，北半球白晝最短，黑夜最長。

國曆十二月二十一日至二十三日

一候蚯蚓結　土中的蚯蚓仍然蜷縮著身體過冬。

二候麋角解　麋和鹿相似而不同種，冬至時節麋角自動脫落。

三候水泉動　深埋於地底的水泉仍可流動，尙未完全結凍。

小寒

開始進入寒冷季節。冷氣積久而寒，大部分地區進入嚴寒時期。

國曆一月五日至七日

一候雁北鄉　大雁開始往北飛回故鄉。

二候鵲始巢　北方到處可見的喜鵲開始築巢，準備孕育第二代。

三候雉始鴝　鴝是鳴叫的意思，雉雞在冬至過後開始啼叫。

大寒

天氣寒冷到了極點。

國曆一月十九日至二十一日

一候雞始乳　母雞開始孵小雞。

二候徵鳥厲疾　徵鳥是指老鷹、隼等猛禽，翱翔天際追捕獵物。

三候水澤腹堅　一年的最後五天，河川的水結冰直透水底，形成又厚又硬的冰塊。

品讀節氣詩詞

【立春】

〈京中正月七日立春〉詩 〔唐〕羅隱

一二三四五六七，萬木生芽是今日。
遠天歸雁拂雲飛，近水游魚迸冰出。

〈減字木蘭花·立春〉詞 〔宋〕蘇軾

春牛春杖，無限春風來海上，
便與春工，染得桃紅似肉紅。
春幡春勝，一陣春風吹酒醒，
不似天涯，捲起楊花似雪花。

〈立春〉詩 〔宋〕黃庭堅

春工調物似鹽梅，一一根中生意回。
風日安排催歲換，丹青次第與花開。

【雨水】

〈春夜喜雨〉詩 〔唐〕杜甫

好雨知時節，當春乃發生。
隨風潛入夜，潤物細無聲。
野徑雲俱黑，江船火獨明。
曉看紅溼處，花重錦官城。

〈明發三衢〉詩 〔宋〕楊萬里

拔盡新秧插盡田，出城一眼翠無邊。
不關雨水愁行客，正是年年雨水天。

【驚蟄】

〈觀田家〉詩 〔唐〕韋應物

微雨眾卉新，一雷驚蟄始。
田家幾日閒，耕種從此起。（節錄）

〈聞蛙〉詩 〔宋〕趙蕃

驚蟄已數日，聞蛙初此時。
能知喜風月，不必問官私。

【春分】

〈清平樂〉詩〔南唐〕李煜

別來春半，觸目愁腸斷。砌下落梅如雪亂，拂了一身還滿。
雁來音信無憑，路遙歸夢難成。離恨恰如春草，更行更遠還生。

〈七絕・甦醒〉詩〔宋〕徐鉉

春分雨腳落聲微，柳岸斜風帶客歸。
時令北方偏向晚，可知早有綠腰肥。

【清明】

〈清明〉詩〔唐〕杜牧

清明時節雨紛紛，路上行人欲斷魂。
借問酒家何處有？牧童遙指杏花村。

〈清明〉詩 〔宋〕黃庭堅

佳節清明桃李笑，野田荒冢只生愁。
雷驚天地龍蛇蟄，雨足郊原草木柔。（節錄）

【穀雨】

〈木蘭花慢〉詞 〔元〕王惲

問東城春色，
正穀雨，牡丹期。（節錄）

〈七言詩〉詩 〔清〕鄭板橋

不風不雨正晴和，翠竹亭亭好節柯。
最愛晚涼佳客至，一壺新茗泡松蘿。

文化小補充

幾枝新葉蕭蕭竹，數筆橫皴淡淡山。
正好清明連穀雨，一杯香茗坐其間。

【立夏】

〈立夏〉詩　〔宋〕薛澄

漸覺風光燠，徐看樹色稠。
蠶新教織綺，貂敝豈辭裘。
酷有烟波好，將圖荷芰遊。
田間讀書處，新筍萬竿抽。

〈立夏〉詩 〔宋〕陸游

赤幘插城扉，東君整駕歸。泥新巢燕鬧，花盡蜜蜂稀。

槐柳陰初密，簾櫳暑尚微。日斜湯沐罷，熟練試單衣。

【小滿】

〈小滿〉詩 〔宋〕歐陽修

夜鶯啼綠柳，皓月醒長空。

最愛壟頭麥，迎風笑落紅。

〈閒居雜興〉詩 〔明〕薛文炳

最愛江南小滿天，櫻桃爛熟海魚鮮。

一聲布穀啼殘雨，松影半簾山日懸。

【芒種】

〈芒種〉詩　〔唐〕劉長卿

河陰薺麥芒愈長，梅子黃時水漲江。
王孫但知閒煮酒，村夫不忘禾豆忙。

〈芒種〉詩　〔清〕康熙

青葱刺水滿平川，移植西疇更勃然。
節序驚心芒種迫，分秧須及夏初天。

【夏至】

〈夏至避暑北池〉詩　〔唐〕韋應物

晝晷已云極，宵漏自此長。

未及施政教，所憂變炎涼。
公門日多暇，是月農稍忙。
高居念田里，苦熱安可當。（節錄）

【小暑】

〈詠廿四氣詩·小暑六月節〉詩 〔唐〕佚名

倏忽溫風至，因循小暑來。
竹喧先覺雨，山暗已聞雷。
戶牖深青靄，階庭長綠苔。
鷹鸇新習學，蟋蟀莫相催。

〈十八日小暑大雨〉詩 〔宋〕韓淲

申禱山川便作霖，耘苗時候想田深。
且欣小暑能如此，更願新秋得似今。
早稻欲花將就實，晚禾成葉未抽心。
天應不忍焦勞意，直自初栽已望陰。

【大暑】

〈大暑〉詩 〔宋〕郭祥正

澤國已炎暑，夏天仍永朝。
炙床爐焰熾，薰野水波搖。
飛鳥不敢渡，鳴蟬應自焦。
可憐花葉好，憔悴若霜凋。

〈大暑〉詩 〔宋〕曾幾

赤日幾時過，清風無處尋。
經書聊枕籍，瓜李漫浮沉。
蘭若靜復靜，茅茨深又深。
炎蒸乃如許，那更惜分陰。

【立秋】

〈秋夕〉詩 〔唐〕杜牧

銀燭秋光冷畫屏，輕羅小扇撲流螢。
天階夜色涼如水，臥看牽牛織女星。

〈立秋〉詩 〔明〕胡奎

六月望後見秋風，金井先飄一葉桐。
便覺人間有涼意，三更月在絳河東。

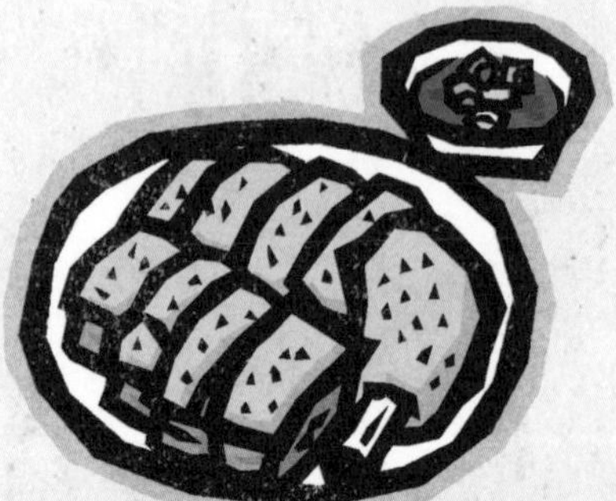

【處暑】

〈處暑〉詩 〔宋〕呂本中

平時遇處暑，庭戶有餘涼。
乙紀走南國，炎天非故鄉。
寥寥秋尚遠，杳杳夜光長。
尚可留連否，年豐粳稻香

〈處暑後風雨〉詩 〔元〕仇遠

疾風驅急雨，殘暑掃除空。
因識炎涼態，都來頃刻中。
紙窗嫌有隙，紈扇笑無功。
兒讀秋聲賦，令人憶醉翁。

【白露】

〈月夜憶舍弟〉詩 〔唐〕杜甫

戍鼓斷人行，邊秋一雁聲。
露從今夜白，月是故鄉明。
有弟皆分散，無家問死生。
寄書長不達，況乃未休兵。

〈閏中秋，是日白露節〉詩 〔元〕張翥

河漢雲消溢素光，重開樽酒據繩牀。
嫦娥斟酒猶前夕，老子婆娑且醉鄉。
風信兩番生綠桂，年華一寸入黃楊。
怪來詩思清難忍，早雁聲中露欲霜。

【秋分】

〈**點絳唇**〉詞〔宋〕謝逸

金氣秋分，風清露冷秋期半。
涼蟾光滿，桂子飄香遠。（節錄）

〈**秋分前三日偶成**〉詩〔宋〕釋文珦

秋光幾一半，在候已無雷。
顥氣凝爲露，嘉禾秀出胎。
燕銜餘暑去，蟲喚嫩寒來。
泡影非能久，流光又苦催。

【寒露】

〈調笑〉詞 〔明〕胡儼

明月，明月。今古幾回圓缺。
天風吹上雲端，瓊樓玉宇露寒。
寒露，寒露。搗藥誰憐顧兔。

【霜降】

〈秋思十首之九〉詩 〔宋〕李綱

古後有明訓，霜降休百工。
草木日搖落，蟋蟀鳴堂中。
豈不感時節，念此歲復窮。
勞生真一夢，飄泊隨西東。

【立冬】

〈立冬〉詩 〔唐〕李白

凍筆新詩懶寫，寒爐美酒時溫。
醉看墨花月白，恍疑雪滿前村。

〈立冬日〉詩 〔宋〕張商英

己亥殘秋報立冬，新新舊舊迭相逢。
定知天上漫漫雪，又下人間疊疊峰。
無意自然成造化，有形爭得出陶鎔。
夜來西北風聲惡，拗折亭前一樹松。

【小雪】

〈小雪〉詩〔唐〕清江

落雪臨風不厭看，更多還恐蔽林巒。
愁人正在書窗下，一片飛來一片寒。

〈次韻張秘校喜雪三首（其三）〉詩〔宋〕黃庭堅

滿城樓觀玉闌干，小雪晴時不共寒。
潤到竹根肥臘筍，暖開蔬甲助春盤。
眼前多事觀游少，胸次無憂酒量寬。
聞說壓沙梨已動，會須鞭馬蹋泥看。

【大雪】

〈十一月朔大雪節早見雪〉詩 〔明〕陶宗儀

狂風昨夜吼稜稜，寒壓重衾若覆冰。
節氣今朝逢大雪，清晨瓦上雪微凝。

【冬至】

〈邯鄲冬至夜思家〉詩 〔唐〕白居易

邯鄲驛裡逢冬至，抱膝燈前影伴身。
想得家中夜深坐，還應說著遠行人。

〈冬至〉詩 〔宋〕王安石

都城開博路，佳節一陽生。喜見兒童色，歡傳市井聲。
幽閒亦聚集，珍麗各攜擎。卻憶他年事，關商閉不行。

【小寒】

〈小寒〉詩 〔唐〕佚名

小寒連大呂，歡鵲壘新巢。拾食尋河曲，銜紫繞樹梢。
霜鷹近北首，雊雉隱叢茅。莫怪嚴凝切，春冬正月交。

〈十一月廿七日雪明日小寒〉詩 〔明〕陶宗儀

九冥裁剪密還稀，驢背旗亭索酒時。
剡水懷人乘逸興，梁園授簡騁妍詞。
小寒紀節欣相遇，瑞兆占年定可期。
莫塑獅兒供一笑，掃來煮茗快幽思。

【大寒】

〈大寒夜坐有感〉詩 〔宋〕宋庠

河洛成冰候，關山欲雪天。
寒燈隨遠夢，殘曆卷流年。（節錄）

〈大寒吟〉詩 〔宋〕邵雍

舊雪未及消，新雪又擁戶。
階前凍銀床，檐頭冰鍾乳。
清日無光輝，烈風正號怒。
人口各有舌，言語不能吐。

奇特的一年：二〇二〇年，閏月又閏年

狗小圓：大歪早安！前幾天才覺得你身材標準，怎麼今天看你，臉胖了一圈呢？

虎大歪：哎喲！這麼明顯？昨天姨丈招待大家吃牛排大餐，飯後還吃了十二吋布朗尼奶油蛋糕，又喝了一杯珍珠奶茶，今天臉圓腰粗也只是剛剛好。

狗小圓：牛排大餐和蛋糕！莫非你姨丈中了樂透頭彩，還是有什麼大喜事，排場這麼大？

虎大歪：也不算什麼大喜事啦！只是慶祝中秋節，順便幫阿姨暖壽。

狗小圓：虎阿姨生日，你送什麼禮物祝壽呀？

虎大歪：我什麼也沒送。因爲我們只是先幫她暖壽，她的生日在二月二十九日，四年才能過一次。二〇二〇年的二月有二十

九天，姨丈說要把握這難得的機會，多慶祝幾次！

狗小圓：我家阿偉叔叔才可憐，生日在農曆閏六月初一，要隔好多年才能過一次農曆生日。不過他看得開，不介意，過生日只請大家吃滷肉飯配海綿蛋糕，連杯珍珠奶茶都沒有，我眞是沒口福。你知道爲什麼會有閏年和閏月嗎？

虎大歪：我先問你，一年有幾天？

狗小圓：這個簡單，一年有三百六十五天。

虎大歪：不對，一年不只三百六十五天！一年，或者稱爲一地球年、一太陽年，就是地球在軌道上繞太陽公轉一周的時間，精確一點說是 365.242199 天。

狗小圓：小數點後面的數字，來個四捨五入不就是三百六十五天嗎？你眞是太吹毛求疵了。

虎大歪：每天都「失之毫釐」，長期累積下來，就會變成「差之千里」。人們對時間的基本要求就是「精準」，不準的手錶和時鐘，就沒有參考性了。來，我再問你，一年有幾個月？

狗小圓：你明知故問，一年不就是十二個月嗎？

虎大歪：你又錯了，在正常狀況（平年）下，不論是農曆或是國曆，一年都是十二個月。不過，農曆有時候一年會有十三個月喔！

狗小圓：我來查一下電腦……農曆大月三十天、小月二十九天，全年各有六個大小月，一年只有三百五十四天。國曆有七個大月三十一天，四個小月三十天，還有只有二十八天的二月，一年共三百六十五日。

虎大歪：我剛剛才告訴過你，一年有 365.242199 天，可是國曆只有三百六十五天，所以每四年要調一次，二月就會從原本的二十八天，變成二十九天。

狗小圓：所以閏年專屬於國曆，每四年一定會閏年一次嗎？

虎大歪：閏年是國曆的專有名詞沒錯。不過並不是每隔四年一定會閏年。國曆規定每四百年九十七閏，不逢百的年分能被四整除的，就是閏年，這一年的二月是二十九天；其餘年分的二月是二十八天。除了二月以外，其它月分的天數沒有平年和閏年的區別。

狗小圓：每四百年九十七閏？怎麼算出來的呢？

虎大歪：閏年的計算方法是：四年一閏，百年不閏，四百年再閏。能被四整除的大多是閏年，不過能被一百整除而不能被四百整除的年分就不是閏年啦！像西元一九〇〇是百年，可以被四整除，卻不能被四百整除，所以不是閏年。西元二〇二〇年不是百年，可以被四整除，是閏年。

狗小圓：我的頭有點暈，但是至少聽懂了，讓我喝杯珍珠奶茶，喘口氣！

虎大歪：珍珠奶茶雖然好喝，但不要常常喝，沒事多喝水，多喝水沒事。

狗小圓：農曆一年有十三個月，又是怎麼來的？

虎大歪：閏月是農曆的專有名詞。農曆屬於陰陽曆，兼顧月亮和太陽。爲了確保十五或者十六是滿月，每個月平均二十九點五天，一般年分十二個月只有三百五十四天，誤差多達十一天，三年下來就會差了一個多月。

狗小圓：我知道了，剩下的讓我來講。奶奶常常說「三年一閏、好壞照輪」。民間有三年一閏、五年二閏，十九年七閏的說法，也就是每三年要加一個月，讓農曆年與國曆年長度一致，增加的這一個月就叫做閏月，對吧？

虎大歪：沒錯，小圓多喝水，少喝糖水，果眞聰明不少，記憶力也變好了。

狗小圓：此言差矣！我的記憶力本來就是高人一等，只是跟你相處久了，有點退步，不過還是在你之上。

虎大歪：給你三分顏色，你就開起染坊啦！考考你，農曆一年有十二個月，要用閏月來調整時間的話，該閏哪一個月呢？

狗小圓：農曆的事你得問我奶奶，老人家最了解了。咦？奶奶呢？

虎大歪：別麻煩奶奶了。我告訴你，該閏哪一個月和節氣習習相關！

狗小圓：農曆閏月也跟節氣有關？沒想到節氣的學問這麼大。

虎大歪：正常來說，不管是農曆或是國曆，一個月都會有兩個節氣。可是農曆的小月一個月只有二十九天，每隔幾年就會遇到一整個月只有一個節氣的狀況，這時候就得用閏月來調整。把只有一個「節氣」的月分定作閏月，並以上一個月的名稱為名，稱「閏某月」。

狗小圓：剩下的我來查查電腦……我查到了，西元二〇二〇年農曆四月分之後的下一個月（五月二十三日到六月二十日）只有六月五日「芒種」一個節氣，這個月分就會變成「閏四月」。

虎大歪：沒錯！上一次農曆閏月是二〇一七年，閏六月，二〇一八年和二〇一九年，農曆都沒有閏月唷！

狗小圓：所以說三年一閏吧！有學問的！

虎大歪：經過統計，從一八四九年起至二〇三一年止，閏五月的次數最多，我的農曆生日剛好在閏五月，只要閏五月，就可以過三次生日，吃三個蛋糕，但是只長一歲，真是太划算了！

狗小圓：我的農曆生日是農曆四月，既然二〇二〇年閏四月，我也要學你，過三次生日，吃三個蛋糕，眞是太理想了！

虎大歪：你過生日、吃大餐、吃蛋糕，都別忘了叫我一聲，我馬上就到。

狗小圓：沒問題！過生日人多才熱鬧。我還有個問題，閏月的分布有沒有規律？有閏一月的嗎？如果有閏一月，就可以連過兩次春節，拿兩次紅包了！

虎大歪：你想得美！雖然閏月的分布沒有規律，不過從來不曾閏正月、閏十一月和閏十二月。有些閏月比較少見，二〇〇六閏七月，下一次等得到二〇四四年；二〇一四年閏九月，再下一次是二一〇九年，我們大概等不到了。

狗小圓：連過兩個鬼月太可怕了，等不到閏九月沒關係，二〇二〇年也是非常特別的一年，既是國曆的閏年，二月有二十九天，還有農曆閏四月。

虎大歪：是很特別！不過閏年又逢閏月有個小缺點。

狗小圓：什麼缺點？

虎大歪：農曆四月之後的節日，像是端午和中秋都會比較晚，春節也是一樣，吃年夜飯、拿紅包，還得再多等等啦！

狗小圓：什麼！那年貨可得買好買滿買齊全，一次買足十三個月的分量。

天干地支紀歲趣談

狗小圓：偷偷告訴你，昨天無意間翻到爸爸的記事本，看到一個大祕密。

虎大歪：竟敢偷翻爸爸記事本，你吃了熊心豹子膽？

狗小圓：誰叫他把記事本忘在餐桌上，我一上餐桌，記事本就被電風扇吹開，上面寫著「鞋盒有錢」！我把他的每一個鞋盒打開，竟然看到好幾千塊！

虎大歪：你把這件事情告訴媽媽了嗎？

狗小圓：當然不能講，我趕快把筆記本塞進爸爸公事包！

虎大歪：你的反應很快嘛！爸爸知道了會嘉獎你。

狗小圓：不過寫著鞋盒有錢那一頁是「生肖・干支・西元對照表」，那是什麼東西呀？

虎大歪：「生肖・干支・西元對照表」不是東西，是重要資訊。你聽過天干地支嗎？

狗小圓：天乾地汁？是不是天氣很熱很乾，土地冒汗出汁？

虎大歪：你是眞傻還是裝傻？說眞的，你知道天干地支是什麼嗎？

狗小圓：當然知道，我只是想跟你說笑抬槓。天干有十個，甲、乙、丙、丁、戊、己、庚、辛、壬、癸，不是我吹牛，我作業常常得甲。地支有十二個，子、丑、寅、卯、辰、巳、午、未、申、酉、戌、亥。我還知道「干」是主幹、「支」是分枝的意思。

虎大歪：說得好，果眞有學問。天干地支是古代用來表示次序或等第的文字，從天干的第一個字「甲」和地支的第一個字「子」，開始依序各取一字組合，配成甲子、乙丑、丙寅……直到癸亥，搭配成六十組，六十年稱爲一甲子。之後又從甲子開始新的循環。［參考233頁表格］

狗小圓：原來練功時，增加一甲子功力是這個意思，太有意思了！

虎大歪：相傳在軒轅黃帝時代，發明了天干地支兩兩配對的方法，考古也發現，商朝後期的一塊甲骨上，刻有完整的六十甲子。

狗小圓：商朝甲骨上就有六十甲子的紀錄？好厲害！

虎大歪：是呀，古人眞是聰明絕頂，居然能發明這樣有學問、好用又精確的歲次紀錄系統。

狗小圓：雖然古人很厲害，可以想出這套特殊的系統，但是我覺得這麼古老的東西，遲早會被電腦淘汰！

虎大歪：你說錯啦！如果要淘汰早就淘汰了，爲什麼你爸爸的記事本上還有？爲什麼日曆和月曆上都要印？很多詩人和畫家，作品完成時落款不是寫西元和民國年分，反倒用天干地支來記歲？

狗小圓：我爸爸有位朋友是水墨畫家，她的畫作上確實都寫些「戊戌」、「己亥」這樣的歲次名稱，我都看不懂。

虎大歪：我比你爸爸的朋友更厲害，寫日記時既不寫民國幾年、也不寫西元幾年，更不寫干支歲次，你知道是什麼原因嗎？

狗小圓：難道大歪是天文奇才，自創「大歪曆」？

虎大歪：你別開玩笑了，我連拿著星座表觀星都常常找不到星座，哪有辦法自創「大歪曆」？我之所以不寫年分，因為記事本都印好啦，何必多此一舉？哈哈哈！

狗小圓：嘿！我們在討論精確嚴肅的科學話題，你卻說笑話矇我？

虎大歪：開個小玩笑，我也想跟你說笑抬槓！二〇一九年是己亥年，二〇二〇年就是庚子年……你知道可以輕鬆從西元推算干支歲次的方法嗎？

狗小圓：什麼？還有方法可以推算？說來聽聽。可以輕鬆推算，干支紀歲就不會被淘汰了！

虎大歪：西元三年，歲次癸亥，癸亥是一甲子的最後一年［參考233頁表格」，西元四年就是新的一甲子開頭。我們以二〇二〇年爲例，你只要把二〇二〇減去三，再除以六十，看看其中有幾組甲子。把餘數三十七除以十（天干總數），餘數得到七，天干第七個是「庚」；再把餘數三十七除以十二（地支總數），餘數是一，地支第一個是「子」。二〇二〇年的歲次就是庚子。

狗小圓：這麼神奇？來，我查查，嘿！二〇二〇年果眞是庚子！太神奇了！

虎大歪：其中還有一個玄機，你有沒有發現，十二地支完美對應十二生肖！

狗小圓：什麼？十二生肖也來湊熱鬧啦？

虎大歪：沒錯！「子」對應鼠年，甲子、丙子、戊子、庚子和壬子，都是鼠年。

狗小圓：也就是說，狗年一定會對應到「戌」，甲戌、丙戌、戊戌、庚戌和壬戌，都是狗年？

虎大歪：沒錯，生肖和地支都是十二個，剛好配成對。小圓跟我相處久了，愈來愈聰明。

狗小圓：「寅」對應虎年，所以甲寅、丙寅、戊寅、庚寅和壬寅，都是虎年？

虎大歪：沒錯呀！咦？看你一臉疑惑，你在懷疑什麼嗎？

狗小圓：好奇怪！為什麼鼠、虎、狗對應到的只有「甲丙戊庚壬」，「乙丁己辛癸」到哪裡去了？

虎大歪：小圓你看天干地支表，天干有十個，地支有十二個，都是偶數。按照排列順序，甲只會對應到子、寅、辰、午、申、戌；乙只會對應到丑、卯、巳、未、酉、亥，就像奇數對奇數，偶數對偶數的概念。

狗小圓：我來查查看……對耶！古人真是太厲害了，難怪干支紀歲法到電腦世代都不退流行啊！

虎大歪：最後考你一題西元換算干支歲次，你算對了，我請你吃滷豆乾配酸梅汁。

狗小圓：為什麼是請我吃滷豆乾配酸梅汁？而不是牛排配珍珠奶茶？

虎大歪：你剛剛說天干地支是「天乾地汁」，我請你豆乾梅汁，很搭呀！來，算算看西元二〇三八年是什麼歲次？

狗小圓：早知道剛剛就不要耍嘴皮子！二〇三八減去三，等於二〇三五，二〇三五除以六十，餘數是五十五，五十五除以十（天干總數），餘數是五，對應第五個天干是「戊」；五十五除以十二（地支總數），餘數是七，對應第七個地支是「午」。西元二〇三八年的歲次是戊午啦！

虎大歪：答對啦！走吧，到西門町買老天祿滷豆干去。

狗小圓：接著到公園號買酸梅湯，開心。

生肖・干支・西元 對照表

生肖	鼠	牛	虎	兔	龍	蛇	馬	羊	猴	雞	狗	豬
天干	甲	乙	丙	丁	戊	己	庚	辛	壬	癸	甲	乙
地支	子	丑	寅	卯	辰	巳	午	未	申	酉	戌	亥
西元	1984	1985	1986	1987	1988	1989	1990	1991	1992	1993	1994	1995
西元	1924	1925	1926	1927	1928	1929	1930	1931	1932	1933	1934	1935
天干	丙	丁	戊	己	庚	辛	壬	癸	甲	乙	丙	丁
地支	子	丑	寅	卯	辰	巳	午	未	申	酉	戌	亥
西元	1996	1997	1998	1999	2000	2001	2002	2003	2004	2005	2006	2007
西元	1936	1937	1938	1939	1940	1941	1942	1943	1944	1945	1946	1947
天干	戊	己	庚	辛	壬	癸	甲	乙	丙	丁	戊	己
地支	子	丑	寅	卯	辰	巳	午	未	申	酉	戌	亥
西元	2008	2009	2010	2011	2012	2013	2014	2015	2016	2017	2018	2019
西元	1948	1949	1950	1951	1952	1953	1954	1955	1956	1957	1958	1959
天干	庚	辛	壬	癸	甲	乙	丙	丁	戊	己	庚	辛
地支	子	丑	寅	卯	辰	巳	午	未	申	酉	戌	亥
西元	2020	2021	2022	2023	2024	2025	2026	2027	2028	2029	2030	2031
西元	1960	1961	1962	1963	1964	1965	1966	1967	1968	1969	1970	1971
天干	壬	癸	甲	乙	丙	丁	戊	己	庚	辛	壬	癸
地支	子	丑	寅	卯	辰	巳	午	未	申	酉	戌	亥
西元	1912	1913	1914	1915	1916	1917	1918	1919	1920	1921	1922	1923
西元	1972	1973	1974	1975	1976	1977	1978	1979	1980	1981	1982	1983

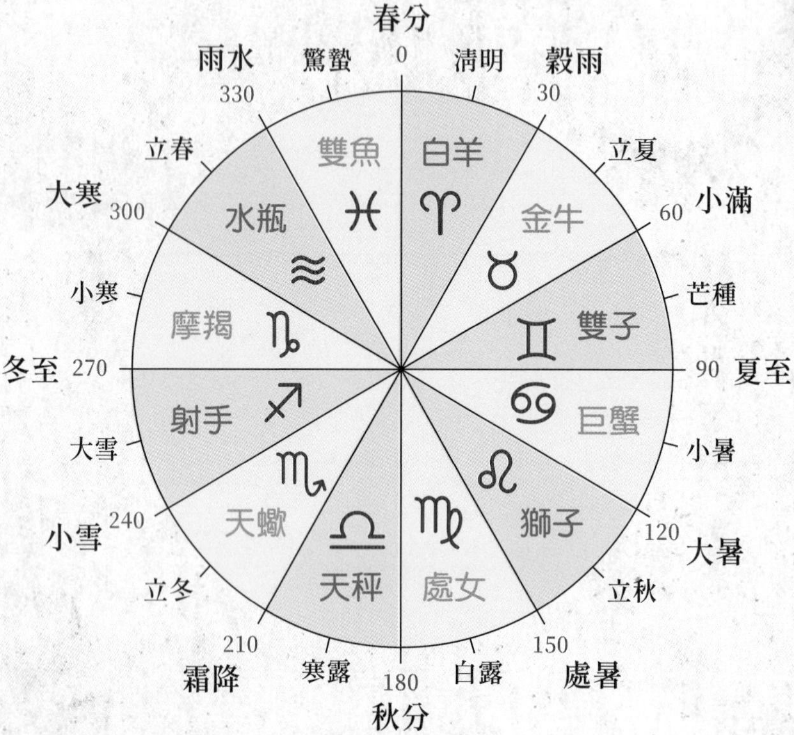

十二星座對應的黃經度是在二千多年前定下的，由於地球自轉軸的擺動，現在觀測到的星座位置與黃經度已經不符合，星座正確的起、迄點，還是以節氣的起迄點為準。

國家圖書館出版品預行編目 (CIP) 資料

說學逗唱，認識二十四節氣：虎大歪說民俗趣事，狗小圓吃時節當令 / 王家珍著；洪福田繪. -- 初版. -- 新北市：字畝文化，2019.09
面；　公分
ISBN 978-986-98039-2-2(平裝)
1. 節氣 2. 歲時習俗
538.59　　108012745

故事如數家珍

說學逗唱，認識二十四節氣

虎大歪說民俗趣事，狗小圓吃時節當令

作　　者 | 王家珍
繪　　者 | 洪福田

字畝文化創意有限公司

社　　長 | 馮季眉
責任編輯 | 洪　絹
主　　編 | 許雅筑、鄭倖伃
編　　輯 | 戴鈺娟、陳心方、李培如
封面設計 | 洪千凡
內頁設計 | 洪千凡、張簡至真
出　　版 | 字畝文化創意有限公司
發　　行 | 遠足文化事業股份有限公司（讀書共和國出版集團）
地　　址 | 231 新北市新店區民權路 108-2 號 9 樓
電　　話 | (02)2218-1417
傳　　真 | (02)8667-1065
客服信箱 | service@bookrep.com.tw
網路書店 | www.bookrep.com.tw
團體訂購請洽業務部 (02) 2218-1417 分機 1124
法律顧問 | 華洋法律事務所　蘇文生律師
印　　製 | 中原造像股份有限公司

2019 年 9 月 4 日　初版一刷　定價：400 元
2023 年 9 月　　　初版六刷
ISBN 978-986-98039-2-2　書號：XBJI0001

楊
小圓藏書
EXLIBRIS